U1009344

进阶式对外汉语系列教材

A SERIES OF PROGRESSIVE CHINESE TEXTBOOKS FOR FOREIGNERS

成功之路

ROAD TO SUCCESS

跨越篇·听和说

INTERMEDIATE
Listening and Speaking

主　　编　　邱　军

副 主 编　　彭志平

执行主编　　胡　波

编　　著　　胡　波

　　　　　　黄丹纳

ROAD TO SUCCESS

A SERIES OF PROGRESSIVE CHINESE TEXTBOOKS FOR FOREIGNERS

北京语言大学出版社

BEIJING LANGUAGE AND CULTURE UNIVERSITY PRESS

图书在版编目 (CIP) 数据

成功之路. 跨越篇. 听和说 / 胡波, 黄丹纳编著.
— 北京：北京语言大学出版社，2014. 2（2025.1 重印）

ISBN 978-7-5619-3761-7

Ⅰ. ①成…　Ⅱ. ①胡…　②黄…　Ⅲ. ①汉语—听说教学—对外汉语教学—教材　Ⅳ. ①H195.4

中国版本图书馆 CIP 数据核字（2014）第 019744 号

书　　名：成功之路　跨越篇 · 听和说
CHENGGONG ZHI LU　KUAYUEPIAN · TING HE SHUO
责任印制：邝　天

出版发行：北京语言大学出版社
社　　址：北京市海淀区学院路 15 号　　邮政编码：100083
网　　址：www.blcup.com
编 辑 部：8610-8230 3647/3592/3395
国内发行：8610-8230 3650/3591/3648
海外发行：8610-8230 0309/3365/3080
读者服务部：8610-8230 3653/3908
网上订购：8610-8230 3653（国内）/ 3668（海外） service@blcup.com
印　　刷：北京市金木堂数码科技有限公司
经　　销：全国新华书店

版　　次：2014 年 2 月第 1 版　　2025年 1 月第 7 次印刷
开　　本：889 毫米 × 1194 毫米　1/16
印　　张：课本 10.75 / 听力文本及练习参考答案 4.75
字　　数：304 千字
书　　号：ISBN 978-7-5619-3761-7 / H · 14001
定　　价：72.00 元

凡有印装质量问题，本社负责调换。售后 QQ 号 1367565611，电话 010-82303590

前 言

《成功之路》是一套为母语非汉语的学习者编写的对外汉语教材。这套教材既适用于正规汉语教学机构的课堂教学，也可以满足各类教学形式和自学者的需求。

《成功之路》为教学提供全面丰富的教学内容，搭建严谨规范的教学平台。学习者可获得系统的汉语言知识、技能、文化的学习和训练。同时，《成功之路》的组合式设计，也为各类教学机构和自学者提供充分的选择空间，最大程度地满足教学与学习的多样化需求。

◆ 架构

《成功之路》全套 22 册。按进阶式水平序列分别设计为《入门篇》、《起步篇》、《顺利篇》、《进步篇》、《提高篇》、《跨越篇》、《冲刺篇》、《成功篇》。其中《入门篇》为 1 册；《进步篇》综合课本为 3 册，《进步篇・听和说》、《进步篇・读和写》各 2 册；《提高篇》、《跨越篇》综合课本各 2 册，《提高篇・听和说》、《跨越篇・听和说》各 1 册；其余各篇均为 2 册。篇名不但是教学层级的标志，而且蕴涵着目标与期望。各篇设计有对应层级和对应水平（已学习词汇量），方便学习者选择适合自己的台阶起步。

进阶式对外汉语系列教材《成功之路》阶式图

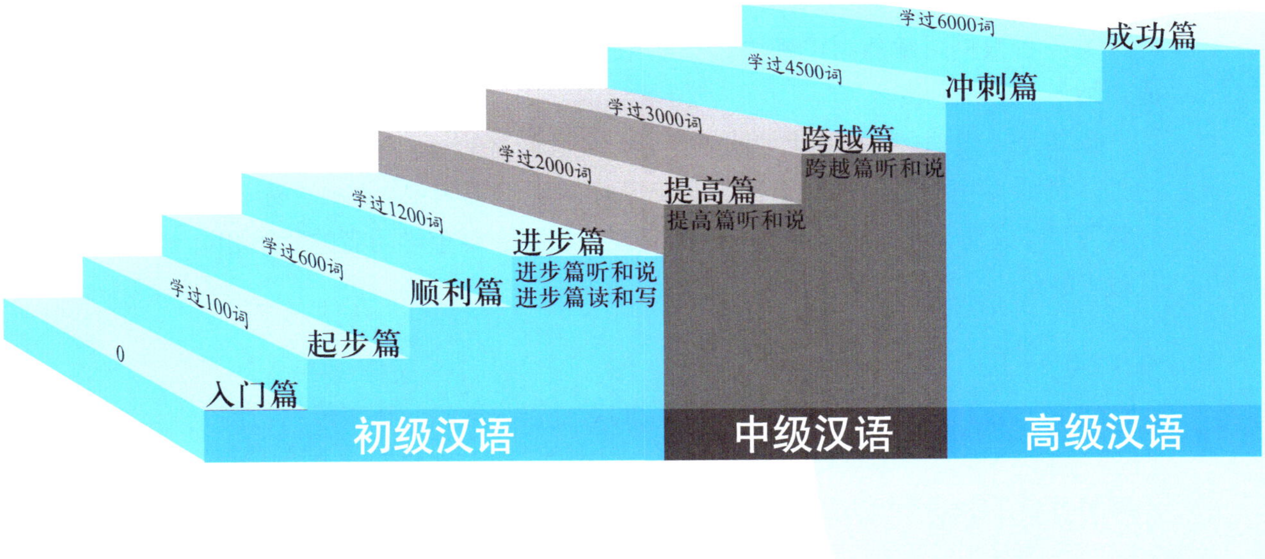

学习者选择教材参照表：

学习起点参照等级			适用教材
已学习词汇量	新汉语水平考试等级（新HSK）	欧盟语言框架等级（CEF）	
0			《入门篇》
100 词左右	新 HSK 一级		《起步篇》
600 词左右	新 HSK 二级、三级		《顺利篇》
1200 词左右	新 HSK 四级	A1	《进步篇》
2000 词左右	新 HSK 四级、五级	A2	《提高篇》
3000 词左右	新 HSK 五级、六级	B1	《跨越篇》
4500 词左右	新 HSK 六级	B2	《冲刺篇》
6000 词左右		C1	《成功篇》

◆ 依据

《成功之路》以“国家汉办”的《高等学校外国留学生汉语教学大纲（长期进修）》（简称《大纲》）为基本研制依据，采用自行研制的编教软件，对《大纲》的语言点（项）、词汇、汉字等指标进行穷尽式覆盖，以保证教材的科学性、系统性、严谨性。编写者还根据各层级学习和教学的需求，对《大纲》的部分指标进行必要的调整，其中高级汉语部分增删幅度较大。另外，对各类汉语学习者随机调研的结果以及相关精品教材的研究成果也是《成功之路》的重要研制依据。

◆ 理念

《成功之路》以“融合、集成、创新”为基本研制理念。作为一套综合性教材，其内涵的多样性决定理念的集成性，不囿于某一种教学法。因此，编写者根据所编教材的特性，分析融合相关的研究成果，集多家之成，纳各“法”之长。

创新是《成功之路》的重要研制理念，全套教材的每篇每册都有创新之处。创新点根据需要或隐含或显现，从中可见编写者的匠心。“易学、好教”是《成功之路》的研制目标，为实现此目标，尊重学习者的反馈和从教者的经验自然也是编写者的重要研制理念。

◆ 特点

《成功之路》作为一套诞生于新世纪的对外汉语教材，在“传承与创新”“关联与独立”“知识与技能”“语言与文化”“二维与多维”诸方面融入了编写者更多的思考和实践。限于篇幅，略加说明。

1. 传承与创新

《成功之路》从对外汉语教学的沃土中汲取丰富的营养，植根于它的发展，受益于它的进步。编写者将成功的教学经验、教学模式和研究成果带入教材，使《成功之路》更符合学习者的语言认知规律，更有助于学习者掌握和应用。如:《入门篇》、《起步篇》、《顺利篇》都以“讲练”的形式呈现，便是采纳对外汉语教学早期的“讲练模式”。这种更适宜初学者的编写设计，已经为多年的教学成效所证明。

《成功之路》在传承的基础上力求创新，篇篇都有创新点。如:《起步篇》和《顺利篇》改变以往语言点的描述角度，变立足于教师的规则性语言为面向学习者的使用性语言，便于学习者理解和运用。《提高篇》和《跨越篇》设计了语素练习项目，强化语素的辐射生成作用，增强学习者的词汇联想能力，减少记忆负担，提高学习效率；还在多项练习中设置语境，为学习者提供丰富的语用场，提高其准确地遣词用句的能力，为日后学以致用增加助力。《冲刺篇》和《成功篇》针对高级阶段词语辨析的难点，设置“异同归纳”的板块，将规则说明和练习紧密结合，实现从理解到使用的有效过渡。

另外,《入门篇》的总分式语音训练,《进步篇·听和说》、《进步篇·读和写》的融合性技能训练,《提高篇》、《跨越篇》的听说式“课文导入”,《冲刺篇》、《成功篇》的分合式“背景阅读”等，都彰显着编写者的创新性理念和实践性思维。

2. 关联与独立

《成功之路》进阶式系列教材，全套共分 8 篇，涵盖初级汉语、中级汉语和高级汉语。各篇之间的关系如同阶梯，具有依存性和关联性，便于配套使用。如：设计者将“语词→语句→语段→语篇”的教学任务，明确分布于不同层级，强调各自的练习方式，为学习者提供一个循序且完整的训练过程。

同时,《成功之路》各篇也相对独立，可以单独使用。如:《进步篇·听和说》、《进步篇 · 读和写》从内容到形式，都适合做专项技能训练的独立教材。这种关联与独立相结合的设计，使《成功之路》既能保持配套教材的系统性，又有独立教材的灵活性，免除捆绑式教材的羁绊，为学习者提供更多的选择。

3. 知识与技能

《成功之路》定位于综合性语言技能训练教材。全套教材以训练语言能力为显性设计，以传授语言知识为隐性设计。编写者将语言知识的学习隐含于语言技能训练的全过程。如:《起步篇》、《顺利篇》、《进步篇》尽量淡化语言点的知识性描述，代之以直观的插图、表格、练习等，以此引导教师最大限度地避免单纯的知识讲授。上述“三篇”在设计中兼顾话题单元和语言点顺序，巧妙地处理话题与语言点交集的难题，较好地解决了长期困扰初级教材编写的“带着镣铐跳舞”的问题。《提高篇》和《跨越篇》将语言知识蕴含在课文和练习中，使学习者能通过有计划的练习和活动实现对知识的理解和运用。

《成功之路》遵循并实践第二语言教学的基本原理，精心设计并处理语言知识和语言技能的关系，帮助学习者在技能训练中学习知识，进而以知识学习提高技能水平，最终达到全面提高汉语交际能力的目的。

4. 语言与文化

《成功之路》既是语言资源，又是文化媒介。在选文和编写过程中，编写者追求文化含量的最大化。全套教材自始至终贯穿一条“文化现象→文化内涵→文化理解”的完整“文化链”。如:《入门篇》、《起步篇》、《顺利篇》、《进步篇》使用初级汉语有限的语言材料，尽可能多地展现文化点，使学习者在学习语言的同时，自然地感受和了解中国文化。《提高篇》和《跨越篇》在对课文材料选取和删改时，特别注意其中的文化含量，为学习者提供丰富多彩的文化内容。《冲刺篇》和《成功篇》选文讲究，力求文质兼美、具有典范性。其中文化理解的可挖掘性为高端学习者构建了探究中国文化深层内涵的平台。

与单纯讲授文化的教材不同，《成功之路》将文化内容寓于语言学习之中。语言提升与文化理解，二者相得益彰。

5. 二维与多维

《成功之路》利用现代科技手段，建造二维平面与多维立体相契合的“教学场”。多媒体课件的研制和使用，弥补了传统平面教材的局限。除了直观、形象、生动的特点外，还可以增强教师对教材的调整和控制能力。如：生词的闪现、语句的重构、背景的再现等，使讲授过程更加得心应手。《成功之路》的多媒体课件可以让教材内容延伸至课堂外，扩大教学空间，形成教师得以充分施展的广阔的“教学场”。

同时，《成功之路》多媒体课件中完整的教学设计和教学思路也是可资借鉴的教案。

◆ 结语

语言教学，可以枯燥得令人生厌，也可以精彩得引人入胜。究其缘由，教师和教材是主因。

期望《成功之路》能为学习者带来一份精彩。

主编

目录

致学习者

这是一部训练听力理解和口语表达能力的中级汉语教材，由《提高篇·听和说》和《跨越篇·听和说》组成。

内容构成：

《提高篇·听和说》和《跨越篇·听和说》各有十二课和三个复习课。每课分为三个部分，即：学一学、听一听和说一说。“学一学”的内容为表达式和生词，“听一听”为跳跃障碍的听力理解练习和课文理解练习，“说一说”的内容为每课表达式的应用练习以及与本课话题相关的口语表达练习。

教材特点：

1. 内容量适中。本教材每课表达式和生词的数量比较合适，表达式2~3个，生词一般在15个以内，课文的长度为500~600字。我们认为这样可以让你有更多的时间和精力运用所学的知识进行口语表达练习，而且每堂课的内容都能在课上掌握并记住。

2. 练习项目充分。要想快速有效地理解并掌握学习内容，重要的是练习，所以本教材特别注重练习设计。这部教材的练习围绕表达式（其中也有一些重点词语）、课文和交际活动三大部分进行。我们先通过听的方式让你熟悉表达式怎么用和在什么情况下用，然后再通过完成对话练习检查对这些词语的掌握情况；课文的练习是先听后说，通过听了解课文的意思，通过说来熟记课文，并学习课文中的表达；交际练习是相对自由的口语表达练习，这个练习要求你根据所给题目，使用新的表达方式来表达自己的意思或进行交际对话。从这三个练习的设计可以看出，每个练习都是相互关联的，每完成一个练习，离本课的学习目标就会接近一步。

3. 文化内涵丰富。我们希望这套教材能为你创造轻松有趣的学习氛围，并使你在提高语言能力的同时，尽可能多地了解中国人的思想，所以在编写课文时，我们更多关注的是与现代年轻人生活相关的问题以及社会上比较有影响的事件，你可以了解到中国社会人与人相处的方式，中国人对待事物的看法。比如：现在青年人的生活态度、为什么中国人感到拒绝别人很难、大龄未婚青年面临的压力、外国人看歌剧要安静而中国人看京剧可以大声叫好、中国父母对孩子是怎样的一种爱等，这些内容会让你感到很有意思。

4. 学习和复习兼顾。我们认为在学习过程中复习和巩固是不可缺少的，每隔一段时间就应该停下来，把前面的内容消化一下，所以本教材每四课安排了一个复习课，也可以说是一次小考试。在复习课中，我们采用听和说的方式复习之前四课中的表达式、重点词语和课文内容，通过复习，你可以检查一下自己的学习情况，发现不足。

这部教材是我们四位编者用三年的时间，经过多次试用修改最终完成的。我们编者都是从事多年汉语教学、经验丰富的教师，非常了解中级阶段学习者的语言水平，熟悉你们的需要，所以我们相信这部教材一定会让你们满意。

执行主编　胡波

1 青春一“族”

讨论

猜猜下面这些词语指的都是什么样的人群。在你们国家有没有这样的人群、这样的词语？

啃老族

月光族

卡奴

房奴

宅男、宅女

酷抠族

第一部分

学一学　录音 01

口语表达

各有各的……　gè yǒu gè de……

翻译	they each have their own...
解释	每一个都有自己不同的……
例子	1. A：我们这些老同学很久没见了，有时间聚一聚吧。 B：是啊，这些年大家各有各的事儿，是好几年没见了。 2. A：要是让你来做决定，你会选择留学还是找工作？ B：我也说不好，留学和找工作各有各的好处，得好好想想。 3. A：你喜欢北京还是上海？ B：北京和上海，各有各的特点，不过我觉得上海的天气更适合我。

不管怎么说　bùguǎn zěnme shuō

翻译	anyway, no matter what
解释	不管怎么样，无论如何。
例子	1. A：你当时就不应该答应他。 B：唉，不管怎么说，既然答应了，就得做完啊。 2. A：在我最困难的时候，还是他帮助了我。 B：是啊，不管怎么说，朋友就是朋友。 3. A：这里虽然变化很大，但在我的心里，它永远是我最熟悉、最亲切的地方。 B：是啊，不管怎么说，这里始终是我们的家乡啊。

好在 hǎozài

翻译	fortunately, luckily
解释	幸亏。表示在不好的环境或条件下，还有有利的方面。
例子	1. A：这几天真冷啊，都不想出门了。 B：我也好几天没出门了，好在放假了，不用去上课。 2. A：你刚来中国的时候，肯定遇上了不少麻烦吧？ B：是啊，那会儿不会说汉语，没法儿跟人沟通，好在我同屋帮了我不少忙。 3. A：哟，文件上经理没签字。 B：那你赶快去找他，好在他现在还在办公室。

生　词

1	放弃	fàngqì	（动）	to give up
2	外资	wàizī	（名）	foreign investment, foreign capital
3	航空公司	hángkōng gōngsī		airline company
4	收入	shōurù	（名、动）	income, earnings; to take in, to include
5	羡慕	xiànmù	（动）	to envy, to admire
6	成就感	chéngjiùgǎn	（名）	sense of success or achievement
7	辞职	cí zhí		to resign, to quit a job
8	死活	sǐhuó	（副）	anyway, simply
9	浪费	làngfèi	（动）	to waste, to lavish
10	趁	chèn	（介、动）	while; to make use of, to take advantage of (an opportunity)
11	折磨	zhémo	（动）	to torment, to rack
12	状况	zhuàngkuàng	（名）	condition, situation, state (of affairs)
13	要么	yàome	（连）	or, either…or…
14	挣	zhèng	（动）	to earn
15	攒	zǎn	（动）	to save, to accumulate
16	总归	zǒngguī	（副）	after all, eventually

听一听

热 身

一、听小对话，选择正确答案 录音 02

1. A. 为小李担心
   B. 他知道小李辞职的原因
   C. 不用为小李担心
   D. 不明白小李辞职的原因

2. A. 无奈
   B. 批评
   C. 商量
   D. 伤心

3. A. 男的不好意思去参加这个聚会
   B. 女的不想让男的去参加这个聚会
   C. 女的很想去参加这个聚会
   D. 男的改变了主意，很不好意思

4. A. 埋怨
   B. 无所谓
   C. 后悔
   D. 高兴

5. A. 她被老板骂了一顿
   B. 她没有迟到
   C. 她没看到有人迟到
   D. 她没赶上公共汽车

6. A. 女的觉得下雪挺好的
   B. 女的不喜欢下雪
   C. 不能出门，女的很失望
   D. 女的不想出门

7. A. 她很担心男的
   B. 她觉得留学不见得是好事
   C. 她也希望自己得到留学机会
   D. 她知道男的一定会得到留学机会

8. A. 写论文很容易
   B. 迟早都要写
   C. 她很头疼
   D. 她喜欢泡图书馆

二、下面你将听到一句话，听后请做出恰当的应答 录音 03

1. ________________________________（各有各的……）
2. ________________________________（各有各的……）
3. ________________________________（不管怎么说）
4. ________________________________（不管怎么说）
5. ________________________________（好在）
6. ________________________________（好在）

课文　啃老族　录音04

● **背景提示**

你听说过"啃老族"这个词吗？"啃老族"可不是一个民族的名字，它是指那些放弃工作待在家里、衣食住行全靠父母的年轻人。为什么要放弃工作呢？当然各有各的原因。我们采访了一位叫小风的大学毕业生，来听听他的故事吧。

一、听课文，填写表格

	满意的方面	不满意的方面
大学毕业后		
辞职后		
新的工作		

二、听课文，判断正误

1. 小风毕业后在航空公司工作了一段时间。（　　）
2. 外人都觉得外资航空公司工资高，其实不是这样。（　　）
3. 小风的同学都劝他去报社找工作。（　　）
4. 开始的时候他的父母坚决不同意他辞职。（　　）
5. 辞职后他决定先休息一段时间。（　　）
6. 现在他一边找工作一边学习。（　　）
7. 父母每个月给他的钱只够他吃喝用。（　　）
8. 他找到了一个报社的工作，不过并不满意。（　　）

三、根据提示词语回答下列问题

1. 小风对自己的第一份工作是怎么看的？他父母同意他辞职吗？

看起来　确实　无聊　成就感　死活　浪费

2. 辞职后小风找工作了吗？他现在生活怎么样？

趁　不管怎么说　折磨　经济上　好在

3. 小风有什么打算？

实习　按时　担心

第二部分

学一学　录音 05

口语表达

这下可好　zhè xià kě hǎo

翻译	now there is trouble, the consequence is...
解释	表示因为某件事情的出现，引起了不好的结果，情况不如以前。
例子	1. A：小明呢？哪儿去了？ B：别提了，前几天刚给他买了个电脑，这下可好，天天在屋里打游戏。 2. 今天老师告诉我们考试提前了，这下可好，这么多书都得在一周以内看完。 3. 刚做完一个项目，又来一个，这下可好，这个月又没法儿休息了。

要不……，要不……　yàobù……, yàobù……

翻译	either...or...
解释	或者……或者……，表示选择。
例子	1. A：假期有什么打算？ B：还没想好，要不回国看看父母，要不就去旅行。 2. A：现在看起来，出去留学的希望已经不大了。 B：嗯，你现在呢，要不就准备考研究生，要不就找工作，不能再等了。 3. A：你什么时候帮我把电脑修一下吧。 B：没问题，要不今天，要不明天，后天我得出差，没时间了。

……到家了 ……dào jiā le

翻译	to reach a very high level, to be extremely
解释	“到家了”用在形容词或动词后边，表示做某件事达到了很高的程度。
例子	1. 不错，作为一个外国人，你的太极拳真是练到家了。 2. 什么？这么好的工作你辞了？为什么啊？你真是傻到家了！ 3. 你真是懒到家了，房间乱成这样也不整理。

生 词

1	贷（款）	dài（kuǎn）	（动）	to grant (a loan), to obtain (a loan)
2	眼光	yǎnguāng	（名）	sight, foresight, insight
3	合计	héji	（动）	to think over, to figure out
4	咬牙	yǎo yá		to clench or gnash one's teeth out of indignation or in agony
5	欠	qiàn	（动）	to owe, to be in debt
6	掰	bāi	（动）	to nip off with the fingers and thumb
7	打扮	dǎban	（动）	to make up, to dress up
8	委屈	wěiqu	（动、形）	to do sb. wrong; feeling wronged
9	惯	guàn	（动）	to spoil by indulgence
10	臭毛病	chòu máobìng		bad habit
11	开支	kāizhī	（名、动）	expense; to pay, to spend
12	小心翼翼	xiǎoxīn yìyì		with the greatest care, very cautiously, gingerly
13	脸色	liǎnsè	（名）	facial expression, countenance

听一听

课文　房奴　录音 06

背景提示

你听说过"房奴"这个词吗？"房奴"就是房子的奴隶，他们为了买房子，从银行贷了很多款，并且要花二三十年的时间来还上这些钱，这给他们的家庭生活带来了很大的压力。

一、听课文，选择正确答案

1. A. 没有自己的房子
   B. 从银行贷了款
   C. 要用很多年来还银行的钱
   D. 生活压力很大

2. A. 结婚前
   B. 结婚后
   C. 刚买不久
   D. 还没买

3. A. 现在天天自己做饭
   B. 下午才去超市买菜
   C. 不坐地铁，也不坐公共汽车
   D. 每个月只给老婆买两件衣服

4. A. 没有新衣服不敢参加婚礼
   B. 为参加婚礼才去商场买衣服
   C. 买房后舍不得买新衣服
   D. 不买网上的衣服，因为太便宜了

5. A. 老人不愿意照顾孩子
   B. 把孩子接回来能省一些钱
   C. 他们怕老人太溺爱孩子
   D. 他们太想孩子了

二、根据提示词语回答下列问题

1. 小赵买房前和买房后分别有什么烦恼？

发愁　合计　咬牙　睁眼　这辈子

2. 小赵买房后的生活有什么变化？

一分钱恨不得掰成两半儿花　舍得　要不……，要不……

3. 小赵的妻子为参加同学婚礼买衣服了吗？

死活　……到家了

4. 小赵觉得小李应该不应该买房？为什么？

说……就……　小心翼翼　能……就……

三、讨论

在你们国家，年轻人没有足够的钱时，会选择贷款买房还是选择租房？

参考表达：

各有各的……　不管怎么说　好在　要不……，要不……　这下可好

说一说

一、根据所给情景和提示完成对话

现在越来越多的人成为“闪婚族”，“闪婚”就是闪电（flash, lightning）式结婚，他们从认识到结婚不超过半年，不少人只有一个月时间，甚至有认识一天就结婚的。你对“闪婚”有什么看法？你觉得“闪婚”有什么好处和坏处？

妈妈：结婚？你们俩才认识几天啊？你了解他吗？

女儿：妈，我爱他，从第一次见面，我就知道他就是我要找的人！

妈妈：不行，我不同意。你说说，谁像你这样，认识才一个月就结婚啊？

女儿：____________________________________。（各有各的……）

妈妈：结婚是一辈子的事儿，不好好了解，将来能过到一块儿吗？

女儿：他对我挺好的，您别担心。

妈妈：他对你好？刚认识一个月，他当然对你好了，你怎么知道结了婚他还会对你好？____________________________________。（……到家了）

女儿：可是就算再等一年、两年，就能知道他将来会不会对我好吗？

妈妈：____________________________________。（不管怎么说）

女儿：我们现在都忙，花那么多时间谈恋爱不是浪费时间吗？您要相信您女儿的眼光啊！

妈妈：你们俩一个南方人，一个北方人，生活习惯差这么多，怎么可能过到一块儿去！

女儿：妈，您就别操这么多心了，放心吧，我心里有数！

妈妈：不行，我不同意！你呀，__________________。（要不……，要不……）

二、小组活动

1. 讨论

“孩奴”这个词用来形容中国传统的父母是最合适的，他们一辈子为孩子忙，为他们挣钱，为他们担心。而时尚的年轻人选择做“丁克族”，“丁克”是英语“DINK（Double Income No Kids）”的音译，意思是两个人挣钱，不要孩子。

两人一组对话，一人支持“丁克”，一人支持“孩奴”，说说它们各自的好处与坏处。

参考表达：各有各的……　　要不……，要不……
这下可好　　不管怎么说　　好在

2. 辩论

“月光族”“卡奴”“房奴”等新词语的出现，都与超前消费有关。超前消费这种观念与中国传统的消费观念相差很远。超前消费使我们有机会享受生活，同时对经济的发展有好处；但同时，超前消费给我们未来的生活带来风险，也使我们的生活压力增大。

辩论题目：我们应该鼓励超前消费吗？
正方：应该鼓励超前消费
反方：不应该鼓励超前消费
参考表达：各有各的……　　要不……，要不……　　这下可好
不管怎么说　　好在

2 时尚先锋

讨 论

1. 人人都爱美，如果父母没有给自己一个漂亮的外表，是不是就应该整容？你怎么看待整容？

2. 什么算是时尚？时尚就是追求名牌服装，就是高消费吗？

第一部分

学一学　录音 07

口语表达

到头来　dàotóulái

翻译	in the end, finally
解释	最终避免不了。反问形式是“到头来还不是……？”。
例子	1. 请这人帮忙那人帮忙的，到头来还不是我自己做完的，谁也没帮我。 2. A：我本来就是想一个人完成就算了，没想到，唉！ B：是啊，到头来还是得麻烦大家帮忙。 3. 我跟你说啊，那里生活条件很差，去不去你好好考虑一下，别到头来说我没提前告诉你。

何乐而不为　hé lè ér bù wéi

翻译	(*indicating a willingness to do sth.*) why not go ahead doing it
解释	为什么不乐意去做呢？表示愿意去做。

例子	1. A：周末我不想跟你们去郊区玩儿了。 B：哎呀，反正你也没事做，正好放松放松，何乐而不为呢？ 2. A：小美新买了一辆车，周末邀请我们一起开车去长城玩儿。咱们去不去？ B：去啊，又有新车坐，又能去长城玩儿，何乐而不为呢？ 3. 她想，如果整容后能当节目主持人，那何乐而不为呢？

该不会……吧 gāi bú huì……ba

翻译	(*suggesting an unlikely possibility using an interrogative tone*) is it possible that...
解释	对不太可能发生情况的估计。
例子	1. A：我父母怎么知道的这件事？该不会是你告诉他们的吧？ B：别瞎猜，怎么可能呢！ 2. A：这个故事太感人了。 B：你该不会哭了吧？ 3. 不对劲儿啊！开幕的时间快到了，大厅里怎么一个人都没有？该不会是咱们记错时间了吧？

生　词

1	长相	zhǎngxiàng	（名）	looks, features, appearance
2	割	gē	（动）	to cut with a knife, to sever
3	眼皮	yǎnpí	（名）	eyelid
4	隆	lóng	（动）	to swell, to bulge, to protrude
5	家常便饭	jiācháng biànfàn		homely food, ordinary home-made meal
6	雕琢	diāozhuó	（动）	to carve, to cut and polish
7	内涵	nèihán	（名）	inner beauty
8	后遗症	hòuyízhèng	（名）	sequel, after-effect

熟　语

1 爱美之心，人皆有之 ài měi zhī xīn, rén jiē yǒu zhī Everybody loves/longs for beauty.	每个人都喜欢将自己打扮得美丽；也指每个人都喜欢美的事物。 例 1：爱美之心，人皆有之嘛。人家长得不好，整个容也没什么。 例 2：A：瞧你一个男孩子，还这么注重打扮！ B：爱美之心，人皆有之嘛。
2 犯不着 fànbuzháo There is no need to... /It isn't worth...	不值得。 例 1：他只是个小孩子，做错事是难免的，你犯不着生这么大的气。 例 2：A：这个人太不讲理了，我得好好跟他说说。 B：走吧，走吧！这样的人犯不着理他。
3 先天不足，后天可补 xiāntiān bùzú，hòutiān kě bǔ Inborn weaknesses can be made up for by later efforts.	指人或动物生下来不太好的方面，可以在成长的过程中弥补。 例 1：俗话说"先天不足，后天可补"。这孩子生下来身体不太好，所以我就请中医给他看，吃了几年中药，你看，他现在长得多结实！ 例 2：A：我觉得我的鼻子长得太不好看了，太低了！ B：没关系，先天不足，后天可补，去整一下吧。
4 是金子总会发光的 shì jīnzi zǒng huì fā guāng de The gold will glitter no matter what—A talent will be acknowledged sooner or later.	金子现在虽然埋在土中，但总有被挖出来发光的那一天。这句俗语用来说明如果是一个有才华的人，早晚会被发现，表现出他的才能的。 例 1：现在领导不重视你，不代表你没能力。是金子总会发光的，你肯定会有发挥能力的那一天。 例 2：A：都说是金子总会发光的，我怎么总发不了光？ B：别着急，还没到你发光的时候呢。

听一听

热 身

一、听小对话，选择正确答案 录音 08

1. A. 支持
   B. 无所谓
   C. 没必要
   D. 羡慕

2. A. 小李很热情
   B. 小李挺有钱的
   C. 小李常跟人来往
   D. 大家都不了解小李

3. A. 工作没做完
   B. 女的没帮他
   C. 多亏女的帮他
   D. 他一个人做不完

4. A. 羡慕
   B. 愤怒
   C. 反对
   D. 抱怨

5. A. 当然该去
   B. 的确太远了
   C. 没有必要去
   D. 去不去没关系

6. A. 整容太过分了
   B. 赞成去整容
   C. 现在科学发展了
   D. 孩子肯定不好看

7. A. 小张不漂亮
   B. 小张是单眼皮
   C. 小张不可能整容
   D. 估计小张整容了

8. A. 男的很早就写完了报告
   B. 女的愿意帮他写
   C. 男的很早就开始写报告了
   D. 女的建议男的明天再写

二、下面你将听到一句话，听后请做出恰当的应答 录音 09

1. ______________________________（到头来）
2. ______________________________（到头来）
3. ______________________________（何乐而不为）
4. ______________________________（何乐而不为）
5. ______________________________（该不会……吧）
6. ______________________________（该不会……吧）

课文 整容 录音 10

● **背景提示**

爱美之心，人皆有之，但是对于“整容”这种追求美的方式，人们却看法不一。我们来听听课文里的人是怎么说的。

一、听课文，填写表格

	女	男
对整容的态度		
理由	1.	1.
	2.	2.
	3.	3.

二、听课文，选择正确答案

1. A. 演员
   B. 模特
   C. 老师
   D. 大学毕业生

2. A. 花费靠父母
   B. 损害健康
   C. 美丽不重要
   D. 美容不流行

3. A. 整容风险太大
   B. 自信才是最重要的
   C. 整容要大胆
   D. 每个人都应该追求美丽

4. A. 找工作会遇到困难
   B. 生活中的挫折是难免的
   C. 有能力总会成功的
   D. 长相非常重要

5. A. 变得更漂亮
   B. 增强自信
   C. 增加优势
   D. 没有后遗症

三、根据提示词语回答下列问题

1. 现在整容普遍吗？都什么人整容？

新鲜事儿　除了……以外　家常便饭　……为了……也……

2. 男的说整容可以给人带来自信，女的是怎么反驳他的？

……就好，坚决反对……　从内到外　再说　例子

3. 男的认为整容的前提是什么？有什么好处？

如果……，如果……，就可以……　不但能……，而且能……，何乐而不为呢？

四、自由对话：谈谈整容

参考表达：

爱美之心，人皆有之　先天不足，后天可补　外表　内涵
犯不着　人工雕琢　到头来　后遗症

第二部分

学一学　录音 11

口语表达

得了吧　dé le ba

翻译	(*indicating disagreement or denial*) that is enough/stop it
解释	表示阻止和否定。
例子	1. A：我告诉你，这个牌子的手机最好用了，什么功能都有。 B：得了吧，我用过，信号特别不好。信号不好，别的功能还有什么用啊？ 2. A：今天我去逛街，看到一个包，特别好看，还打折，真想买啊！ B：得了吧，你吃饭的钱都快没有了，还买什么包！ 3. A：跟我去美容院看看，了解了解整容的事。 B：得了吧，要去你去，我可不去。

就算……也……　jiùsuàn……yě……

翻译	granted that..., even if...
解释	"即使……也……"的意思，表示一种假设。
例子	1. A：新的迷你 Pad 可好了，携带方便，上网也快，你也买一个吧。 B：就算它再好，我也不想买。 2. A：对方学校要是给你奖学金，你还是可以考虑去的。 B：就算有了奖学金，我也去不了，因为机票和生活费也是一大笔钱。 3. 你说他是你哥儿们，你得帮他，可就算是哥儿们也不能跟着他犯错误啊！

你看看 nǐ kànkan

翻译	(*indicating dissatisfaction*) look/you see
解释	表示一种埋怨的语气。
例子	1. 你看看这交通啊，什么时候能不堵车啊！真是的！ 2. A：你怎么一进门就骂人啊！ B：你看看，说好九点见的，我一直等到十点，哪有人影儿啊！气死我了。 3. 你看看，你看看，这么重要的约会你也能忘记！

生　词

1	赶时髦	gǎn shímáo		to keep up with the latest fashion
2	显得	xiǎnde	（动）	to seem, to appear
3	老土	lǎotǔ	（形）	old-fashioned, out-of-date
4	追求	zhuīqiú	（动）	to pursue, to run after
5	始终	shǐzhōng	（副）	from beginning to end, from start to finish
6	气质	qìzhì	（名）	spirit, temperament, disposition
7	型号	xínghào	（名）	model, type, version
8	实力	shílì	（名）	strength, power

听一听

课　文　我看时尚　录音 12

背景提示

你赶时髦吗？你追求时尚吗？对这个问题，小明和小丽的看法就完全不一样。让我们来听听，谁的观点更有道理吧。

一、听课文，判断正误

1. 男的觉得女的的新衣服不好，是因为不是现在最时髦的款式。 ( )
2. 男的认为流行不流行不重要，最重要的是适合自己。 ( )
3. 男的不赶时髦是因为他没有那么多钱。 ( )
4. 男的为了赶时髦，新买了个“苹果”手机。 ( )

二、听课文，回答问题

1. 男的对“赶时髦”的观点是什么？理由是什么？

____

2. 女的对“赶时髦”的观点是什么？理由是什么？

____

3. 男的为什么买了一个“苹果”手机？

____

三、讨论

你支持谁的观点呢？说说你对“赶时髦”的看法。

说一说

一、根据所给情景和提示完成对话

孩子想买一个“苹果”手机，他妈妈不赞成小孩子用这么贵的手机，但是爸爸有不同意见。

孩子：爸爸妈妈，我们班王小明换了一个最新款的“苹果”手机，我也想要一个。

妈妈：你怎么这么小就知道赶时髦了？手机也要比，你怎么不和别的同学比一比学习啊？

孩子：妈妈，那个手机功能可全了，不但可以打电话、发短信，______________________________？（何乐而不为呢）

爸爸：这么好呢？可以用手机查英文单词，就不用总带着词典了。对学习有帮助，爸爸就给你买一个！

妈妈：______________________________。（得了吧）

孩子：我不会用手机玩儿游戏的！我就用来打电话，还有查字典。

爸爸：那手机贵不贵？不贵的话，的确可以给孩子买一个啊！孩子的手机也很旧了。
妈妈：____！（V＋什么呀）
爸爸：那这个手机多少钱？
孩子：三四千块钱。
妈妈：____。（犯不着）
爸爸：这款手机现在刚上市不久，过半年就会降价，那时还是可以考虑的。
妈妈：____。（就算……也……）
孩子：不只是小明，好几个同学都有这款手机了，平时学习特别方便。爸爸妈妈给我买一个吧。
爸爸：行，那这么着吧，如果这次考试你考90分以上，就给你买一个。
孩子：好！____？（该不会……吧）
爸爸：爸爸保证，只要你这次考试考90分以上，肯定给你买一个！
妈妈：____。（你看看　到头来）

二、小组活动

1. 你的一个朋友快要大学毕业了，为了找工作她决定去整容，你来劝劝她。两人一组，进行对话。

提示：可以从下面几个方面来谈

（1）说明整容的害处和危险
（2）帮助这位朋友树立信心
（3）举例证明自己的观点：整容失败的例子和整容成功的例子

参考表达：犯不着　到头来　爱美之心，人皆有之　先天不足，后天可补　何乐而不为　内涵　花费

2. 四个人一组进行会话：记者采访大学生关于“买名牌”的看法。

角色：A. 记者：提出问题，最后进行总结。
B. 大学生一：反对买名牌，认为现在花父母的钱，不能浪费。
C. 大学生二：支持买名牌，因为名牌的质量好。
D. 大学生三：不一定，要看适合不适合自己。

谈话语气：反对、支持、中立

参考表达：犯不着　到头来　何乐而不为　得了吧　V＋什么呀　你看看

3 艺术人生

讨论

你知道京剧吗？你对京剧了解多少？除了京剧，你还知道哪些中国传统艺术？

第一部分

学一学　录音 13

口语表达

就……而言　jiù……ér yán

翻译	in regard to, as far as, concerning
解释	从某个方面来说。
例子	1. 这款手机的确不错，但就价格而言是不是略微贵了点儿？ 2. A：这个周末一共有两场话剧在北京演出，你想看哪场？ B：就内容而言，我想看第一个；但就演员而言，我想看第二个，因为女主角是我的偶像！ 3. A：作为一位名人，说话要符合身份，哪能说讨厌别人关心自己的私事呢？ B：就我个人而言，其实我挺同情那些名人的，因为在戏外，他们也是普通人，他们也要有自己的生活。

恨不得 hènbude

翻译	(*mostly for unattainable things*) to really want to do sth., to be anxious to do sth.
解释	表示急切地盼望做成某事（多为做不到的事）。
例子	1. 我太想家了，恨不得现在就回到家中吃一口妈妈亲手做的饭菜。 2. A：你真努力，每天做完作业还自己学好几个小时。 B：我恨不得一个星期以后就能说一口流利的汉语。 3. 这孩子太不听话了，我恨不得揍他一顿。

生　词

1	画展	huàzhǎn	（名）	art exhibition, exhibition of paintings
2	话剧	huàjù	（名）	modern drama, stage play
3	单调	dāndiào	（形）	monotonous, drab, dull
4	反映	fǎnyìng	（动）	to reflect, to mirror, to show
5	捧场	pěng chǎng		to be a member of a claque, to support an activity by being present
6	交响乐	jiāoxiǎngyuè	（名）	symphony, symphonic music
7	摇滚乐	yáogǔnyuè	（名）	rock ‘n’ roll, rock music

熟　语

1	说不上 shuōbushàng not actually, far from (being)	达不到某种程度。 例 1：我认识他，但说不上熟悉，也就是见面打个招呼而已。 例 2：A：他花钱这么随便，是不是他家挺有钱啊？ B：他家可说不上有钱，我看他就是好面子。
2	V 到点子上 V dào diǎnzi shang to have got the point	表示涉及了最关键的问题或方面。动词经常是“说、回答、问、批评”等。 例 1：他虽然回答了这么多，但是都没回答到点子上，只能得 62 分。 例 2：A：我觉得唱歌好听，跟声音好关系很大，但也不完全靠声音，唱的方法也很重要。 B：你真是说到点子上了，所以有人声音并不是很好，但唱起歌来特别好听。

③ 心动不如行动 xīndòng bùrú xíngdòng It's better done than thought.	光“想”是不行的，还应该去“做”。 例 1：你别光说要学舞蹈，心动不如行动，干脆下周咱们一起报一个舞蹈班吧。 例 2：你要喜欢他就告诉他，心动不如行动嘛。
④ 日子还长着呢 rìzi hái cháng zhe ne There's ample time ahead (,so you can do sth. later).	表示以后还有时间，可以慢慢来。 例 1：你刚到，先休息两天，别急着去玩儿，日子还长着呢。 例 2：行了，你们别没完没了地聊了，日子还长着呢，以后再找机会吧。

听一听

热 身

一、听小对话，选择正确答案　　录音 14

1. A. 女的不喜欢听京剧
   B. 北京年轻人都不喜欢京剧
   C. 北京人对京剧都没有兴趣
   D. 北京人不都喜欢京剧

2. A. 男的很喜欢这个画展
   B. 女的喜欢那个年轻画家
   C. 女的喜欢那个老画家
   D. 女的认为老画家更有技巧

3. A. 他一点儿也不喜欢油画
   B. 他喜欢待在宿舍
   C. 他没有时间
   D. 他会去看那个画展

4. A. 喜欢摇滚乐
   B. 给男的捧场
   C. 喜欢酒吧
   D. 觉得摇滚乐很吵

5. A. 没有做广告
   B. 产品设计有问题
   C. 广告做得太少
   D. 广告不吸引人

6. A. 不能租房子
   B. 应该买房子
   C. 买房钱不够
   D. 应该贷款

7. A. 让男的别着急
   B. 让男的抓紧时间
   C. 让男的慢慢过日子
   D. 让男的把想做的都做了

8. A. 买衣服
   B. 订话剧票
   C. 看话剧
   D. 看新闻

二、下面你将听到一句话，听后请做出恰当的应答　录音 15

1. ______________________________（就……而言）
2. ______________________________（就……而言）
3. ______________________________（恨不得）
4. ______________________________（恨不得）

课文　文化生活　录音 16

背景提示

画展、话剧、音乐会、演唱会，丰富的文化活动让我们的生活更精彩，也为了解现代中国、提升个人文化素养打开了一扇窗。

一、听课文，选出课文中提到的文化活动

- □ 画展　□ 话剧　□ 京剧　□ 歌剧
- □ 演唱会　□ 交响乐　□ 摇滚乐　□ 音乐会
- □ 武术表演　□ 杂技表演　□ 舞蹈表演

二、听课文，判断正误

1. 这个周末女的的一个朋友在 798 艺术区举行个人画展。（　）
2. 女的总是听说 798 这个地方，但是从来没去过。（　）
3. 男的觉得光在学校里上课，生活太单调了。（　）
4. 女的喜欢看关于现代人生活的话剧。（　）
5. 女的看过一次话剧，但是没看懂什么意思。（　）

6. 男的不但经常听中国歌，还会唱中国歌。 ( )
7. 王力宏开演唱会，女的去捧场了。 ( )
8. 男的很喜欢听摇滚乐。 ( )
9. 这个周末男的会去后海的摇滚乐酒吧听音乐。 ( )

三、根据提示词语回答下列问题

1. 男的在中国的文化生活怎么样？

单调　话剧　中国歌　摇滚乐

2. 女的给男的推荐了什么文化活动？

画展　话剧　王力宏的演唱会　后海　摇滚乐吧

四、讨论

请参考第 25 页第一题所列出的文化活动，说一说：你都参加过哪些？你对什么活动更感兴趣？为什么？

第二部分

学一学　录音 17

口语表达

结果　jiéguǒ

翻译	as a result, finally
解释	连词，用在下半句，表示在某种情况下产生的结果，一般是不好或不希望的结果。

例子	1. 我的自行车半路上坏了，结果只好推着回来了。 2. A：我们点了一桌子的菜，刚吃上没多会儿，公司打电话，有急事叫我马上过去。 B：结果大家都没吃好吧？ 3. 警察接到求救电话马上就赶到了出事地点，结果还是晚了。

可不是嘛 kěbúshi ma

翻译	true, exactly
解释	对呀，就是。
例子	1. A：忙活了一年了，也该给自己放个假了。 B：可不是嘛，咱们找个地方去旅行吧。 2. A：学做事，首先要学做人，你说是不是？ B：可不是嘛。 3. 你说钥匙找不到了，你洗衣服时没拿出来，可不是找不到嘛。

生　词

1	礼服	lǐfú	（名）	formal dress, full dress
2	戏曲	xìqǔ	（名）	traditional Chinese opera
3	来源于	láiyuányú	（动）	to originate in, to stem from
4	民间	mínjiān	（名）	folk, non-governmental, among the people
5	市井	shìjǐng	（名）	marketplace, town
6	消遣	xiāoqiǎn	（动）	to relax oneself, to while away the time
7	本身	běnshēn	（代）	oneself, itself

听一听

课文　话说京剧　录音 18

背景提示

"京剧"的英文翻译是 Beijing opera，但是这个 opera 跟西方的 opera 可不是一回事，其中一点体现在观剧的文化上。看京剧有哪些文化呢？现在就让我们来了解一下。

一、听课文，判断正误

1. 在中国，喜欢听京剧的年轻人不多。 (　　)
2. 男的只能听懂一点点京剧。 (　　)
3. 男的以为看京剧不需要穿正式场合穿的衣服。 (　　)
4. 看到中国人一边吃东西一边看京剧，男的觉得很奇怪。 (　　)
5. 中国的京剧是普通人的休闲消遣，属于市井文化。 (　　)
6. 男的觉得看京剧时喝的茶很特别，很好喝。 (　　)
7. 男的向女的请教了一些京剧本身的问题。 (　　)

二、根据提示词语回答下列问题

1. 在中国一般什么样的人喜欢听京剧？

一般　老年人　年轻人

2. 女的喜欢京剧吗？

说不上　偶尔

3. 说起京剧，男的有一件事还不明白，是什么事？

上次　好好　结果　竟然

4. 女的是怎么回答男的的？

大都　属于　并不是

5. 除了京剧，男的还觉得看京剧时什么有意思？

开场之前　有人　然后　一点儿都没

6. 男的以后可能会向女的请教什么问题？

本身　理解

三、讨论

你看过京剧吗？京剧给你印象最深的是什么？

说一说

一、根据所给情景和提示完成对话

周末又要到了。面对丰富的文化生活，三个朋友意见不同：A 喜欢音乐，想去听音乐会、去摇滚乐酒吧；B 喜欢看话剧、看电影、看舞蹈；C 从来没听过京剧，想试一试。到底谁能说服谁呢？

（语气要求：肯定、否定、估计、表示愿望）

A：终于考完试了，这个周末咱们一定要好好安排安排，好好放松放松。
B：可不是嘛！咱们去看话剧怎么样？
C：话剧我看过，________________。（就……而言）
A：要我说呀，咱们这段时间复习考试那么累，就别看这么难懂的话剧了，不如……
B：对了，咱们宿舍前面不是有一个现在最火的组合的演唱会广告吗？你们难道没有兴趣吗？
C：________________。（恨不得）
A：但是恐怕票不好买吧。还是去摇滚乐酒吧吧。喝着酒听着音乐多美啊！
B：________________。（说不上）最近有好多好看的电影呢！有中国的也有美国的。我们去看电影吧！
C：我看咱们不如去看京剧。咱们在中国学习，也应该了解了解中国的传统艺术。
A：________________。（V到点子上）我跟中国朋友一起去看过京剧，我觉得虽然听不懂演员的唱词，但是京剧艺术还是很值得欣赏的。
B：那咱们就这么定了吧。我知道有一个看京剧的地方——梅兰芳大剧院，咱们就去那儿看吧。
A、C：好的。

二、小组活动

1. 四人一组进行会话：王力宏的演唱会结束了，记者在门口对大家进行采访。

角色：A. 记者
B. 买到票的年轻歌迷（花两千块钱买的最好的票，非常高兴）
C. 中年人（别人送给他的票，表示无所谓的态度）
D. 没买到票的歌迷（在场外听了两个小时，表示遗憾，很想去现场跟其他歌迷一起听演唱会）

参考表达：说不上　　V到点子上　　恨不得　　就……而言

2. 大山的朋友要来北京玩儿，除了去故宫、长城以外，大山还想给他的朋友安排几个文化活动，两人一组，进行对话。

提示：可以从下面几个方面来谈

（1）给对方介绍中国的文化活动（至少介绍三种以上）
（2）问问对方的兴趣

参考表达：就……而言　说不上　恨不得　结果
V到点子上　可不是嘛

4 网络时代

讨　论

网络科技日益发达，现在人们对网络越来越依赖，你认为网络带给我们的是什么？有什么利弊？

第一部分

学一学　录音 19

口语表达

居然　jūrán

翻译	unexpectedly, to one's surprise
解释	竟然。
例子	1. 真没想到你居然不知道微博是什么！ 2. A：真的太辛苦了，咱们还是放弃了吧。 B：准备了这么长时间，你居然要放弃，这样做对得起跟咱们干了这么长时间的兄弟吗？ 3. 那么重要的事情你居然不告诉父母？

不由得　bùyóude

翻译	cannot help (doing sth.)
解释	不禁。

例子	1. 这湛蓝的海水，柔软的细沙，使我不由得想起我的童年，想起我的老家，那个中国南方的小渔村。 2. 这部电影太感人了，当看到男女主人公分手的时候，我不由得流下了眼泪。 3. 听了他的自我介绍，我不由得对他产生了好感。

乍一看 / 听　zhà yí kàn / tīng

翻译	it seems/sounds...at first
解释	第一眼看上去或听起来。
例子	1. A：你对王大力说的那个项目怎么看？ B：乍一听还不错，可是仔细想想又觉得不太可行。 2. 这辆车乍一看挺像宝马的，是不是？ 3. 乍一看，这母女俩像姐妹俩。

生　词

1	兴起	xīngqǐ	（动）	to rise, to spring up
2	关注	guānzhù	（动）	to follow sb. on twitter, weibo, etc.
3	粉丝	fěnsī	（名）	fan, admirer
4	嘉宾	jiābīn	（名）	honored guest
5	印象	yìnxiàng	（名）	impression
6	私信	sī xìn		private letter, private message
7	溜	liū	（动）	to sneak off, to slip away
8	回复	huífù	（动）	to reply
9	转发	zhuǎnfā	（动）	to forward (a post), to retweet
10	新奇	xīnqí	（形）	strange, new, novel
11	见证	jiànzhèng	（动）	to witness
12	勇于	yǒngyú	（动）	to be brave enough to, to have the courage to

熟　语

1 一见如故 yíjiàn rúgù to take to each other at the first meeting	故：老朋友。第一次见面就像认识很久的老朋友一样，比喻两个人很合得来。 例 1：我们两个人真是一见如故，一连聊了好几个小时。 例 2：你有一见如故的朋友吗？
2 沉得住气 / 沉不住气 chén de zhù qì / chén bu zhù qì to (not) stay calm, to be (not) steady	一个人面对危难或问题时态度冷静 / 不冷静。 例 1：A：你怎么这么沉不住气？应该先看看对手的情况啊！ B：我可能是太在乎了，我觉得这对咱们公司来说真的是一个好机会，所以才沉不住气了。 例 2：同学们都在忙着写毕业论文，你怎么这么沉得住气？

听一听

热　身

一、听小对话，选择正确答案　录音 20

1. A. 十年前得到了爱情
   B. 决定放弃爱情
   C. 这次他一样做错了
   D. 决定抓住这次机会

2. A. 觉得男的说得有道理
   B. 这件事可能是小张做的
   C. 这件事不是小张做的
   D. 小张不是不缺钱

3. A. 亲眼看着这件事发生
   B. 把这件事说得很详细
   C. 让女的完全相信了他
   D. 没能让男的相信他

4. A. 一直不喜欢那个大楼
   B. 现在喜欢那个大楼
   C. 很看不惯电视台
   D. 一看就喜欢上了这个电视台

5. A. 女的应该参加大的比赛
B. 因为女的很镇静
C. 因为女的总是很紧张
D. 因为女的不喜欢运动

6. A. 男的很了解小王
B. 埋怨男的没有告诉她
C. 告诉小王是个错误
D. 小王是个爱生气的人

7. A. 以前错过了恋爱的机会
B. 这次抓住了爱情
C. 十一月举办婚礼
D. 邀请女的到他家做客

8. A. 女的昨天没看球
B. 北京队最后输了
C. 男的觉得队员表现得不好
D. 男的对这个比赛结果很满意

二、下面你将听到一句话，听后请做出恰当的应答　录音 21

1. ______________________________（居然）
2. ______________________________（居然）
3. ______________________________（不由得）
4. ______________________________（不由得）
5. ______________________________（乍一看）
6. ______________________________（乍一看）

课　文　相爱在微博　录音 22

背景提示

微博是近几年兴起的一个网络传播工具。相比传统博客，微博的字数限制在 140 字以内，更简单、更容易使用，更加符合现代人的生活节奏和习惯。微博作为一种新兴的交流工具，走进了普通民众的生活，有人甚至用微博来求婚。我们来听听下面这个真实的故事。

一、听课文，选出课文中提到的对微博的介绍

- ☐ 很早便出现了
- ☐ 是一种网络交流工具
- ☐ 对字数有限制
- ☐ 不是普通人可以使用的
- ☐ 不符合现代人的生活节奏
- ☐ 受到很多人的欢迎
- ☐ 使用起来很简单

二、听课文，在空白处做记录，根据记录回答问题并讲述

（一）听录音，回答问题

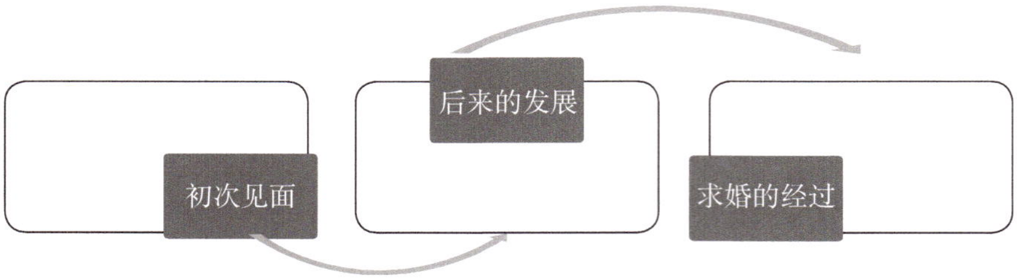

1. 男女主角是怎么认识的？
2. 他们初次见面时的情景是什么？
3. 初次见面后他们的故事是怎么发展的？
4. 男的是怎样求婚的？
5. 女的是怎样回答的？
6. 最后的结果怎样？

（二）根据记录讲述男女主角从相识到结婚的全过程。

三、填表后完成表达练习

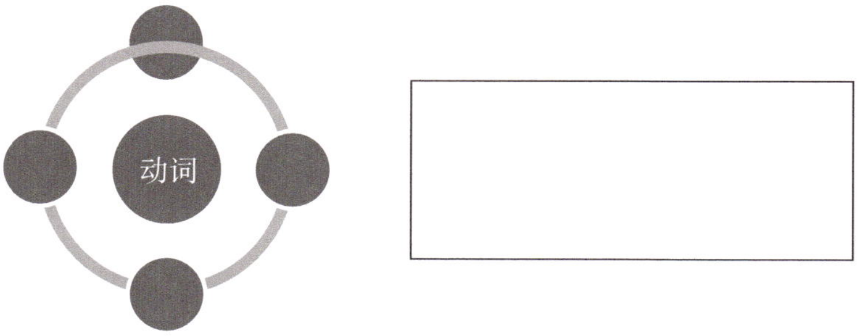

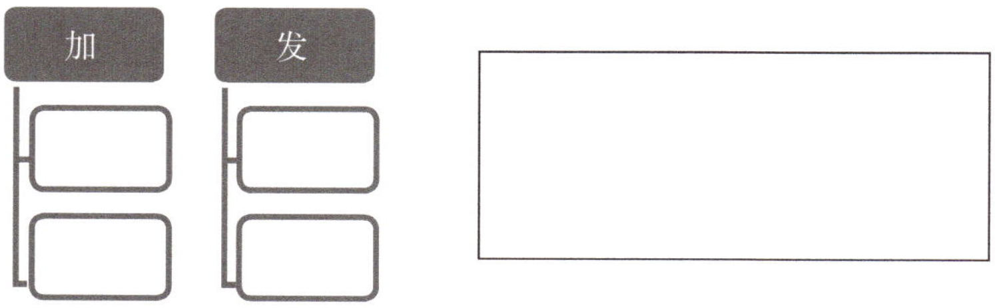

根据所填写的表格，说说在微博上我们都可以做什么。

第二部分

学一学 录音 23

口语表达

……还好，但是…… ……hái hǎo, dànshì……

翻译	...is all right, but...
解释	前一种情况还可以接受，但是……
例子	1. A：听说中国北方冬天天气非常冷，温度低到零下几十度。 B：北京还好，但是再往北，比如哈尔滨，冬天冷的时候要到零下二十多度。 2. A：你的手好点儿了吗？还疼吗？能写字了吗？ B：不动的时候还好，但是写字还是不行。 3. 药可不能随便吃，吃了不治病还好，但要是吃坏了，可就麻烦了。

又该……呢 yòu gāi……ne

翻译	*inquiring about what can be done under a certain circumstance*
解释	在这种情况下可以做什么呢？
例子	1. A：我刚买的手机没用两个月就坏了，你看看！ B：不让你买这个牌子的，你非要买，现在又该怨谁呢？ 2. A：你这么突然刹车，后边的车哪来得及反应，你看看，车撞成这个样子了。 B：你说我，我又该找谁说理去呢？我也不想急刹车啊，前面的车急刹，我不刹能行吗？ 3. 你们都向我抱怨，这个结果又不是我造成的，我又该向谁抱怨去呢？

生　词

1	谣言	yáoyán	（名）	rumor
2	积水	jīshuǐ	（名）	accumulated water, flood
3	广泛	guǎngfàn	（形）	broad, extensive, wide-ranging
4	水分	shuǐfèn	（名）	exaggeration, overstatement
5	淹	yān	（动）	to flood, to submerge, to inundate
6	手指	shǒuzhǐ	（名）	finger
7	瞬间	shùnjiān	（名）	instant

熟　语

1 措手不及
cuòshǒu bùjí
to be caught unprepared, to be taken off guard

事情发生得太突然，一时不知道该怎么应付。

例 1：我们的新产品应该马上推出，一定会让别的公司措手不及的。

例 2：你要约大家今天出去玩儿，也该早打招呼啊，今天才跟人家说，那不是让大家措手不及吗？

2 眼见为实
yǎn jiàn wéi shí
Seeing is believing.

亲眼看到的才是真实的。

例 1：俗话说“眼见为实”，你没有亲眼看到，还是别这么容易就相信了吧。

例 2：A：听说那里的西红柿长得像西瓜一样大。
B：眼见为实，你又没看见，怎么能相信？

3 耳听为虚
ěr tīng wéi xū
Words are but wind./ Words heard are not reliable.

听说的消息不准确，不一定是真实的。

例 1：你不知道“耳听为虚”吗？听说的东西不能轻易相信啊！

例 2：A：我听说小李跟小张闹矛盾，是因为小张笑话他爱拍马屁。
B：耳听为虚，你别听人家说什么就是什么。

听一听

课文　网络谣言满天飞　录音 24

● **背景提示**

网络现在的确已经成为人们生活中不可缺少的部分。网络让人们获得了更快更丰富的信息，但也带来了一些问题。请听下面的新闻。

一、听课文，判断正误

1. 北京遭遇强暴雨天气后，网友们纷纷发布积水的照片。（　　）
2. “北京暴雨七景”是一组照片，引起了网友的广泛关注。（　　）
3. “北京暴雨七景”中所有照片都是假的。（　　）
4. 造假照片中有的不是今年的照片，有的不是北京的。（　　）
5. 发布假消息是为了被更多的人关注，被转发，引起更多人讨论。（　　）
6. 网络成为了制造谣言和传播谣言最好的地方。（　　）

二、根据提示词语回答下列问题

1. 网络给我们的生活带来了什么变化？

不可缺少　信息　问题

2. “北京暴雨七景”指的是什么？“北京暴雨七景”出了什么问题？

暴雨　积水　引起……关注　竟然

3. 一些网友发布虚假信息的目的是什么？

关注　讨论　转发

4. 课文中谈到的“网络的问题”是什么？

谣言　传播　真理

三、讨论

1. 你认为那些制造虚假信息的人，他们这样做的目的是什么？我们又该怎样制止这样的行为呢？
2. 如何解决网络“谣言满天飞”的情况？网络实名制是不是最佳解决方法？

说一说

一、根据所给情景和提示完成对话

王经理和李经理的公司要参加一个项目的竞争，他们商量什么价格合适。

王经理：李经理，咱们现在就来商量一下怎么报价格吧。

李经理：经过财务部门的计算，咱们公司完成这个项目的总成本是 180 万人民币。

王经理：按照经验，我们的报价应该是 280 万到 300 万人民币。

李经理：另外几家公司都是很有实力、很有竞争力的，我们会不会因为报价太高而失去这个项目呢？________________________。（从手中溜走）

王经理：报的价格太低，怕最后连员工的工资都发不了。你说报低价，________________________。（不由得）那个项目我们就白忙了，一分钱都没赚到！

李经理：一分钱都没有赚到吗？________________________。（有水分）我记得我们那一年的收入不少，而且因为那个项目做得好，那个公司后来又和我们合作过好几次。我们也不能只看眼前的利益呀。还是拿到项目最重要！

王经理：我们的报价虽然高了点儿，但他们也会考虑到技术的问题呀，我们公司还是有优势的。

李经理：________________________。（……还好，但是……）

王经理：那你看这样行不行：明天我们先报300万，如果看到别的公司的价格都很低，那我们可以再降嘛。但____________________________。（沉得住气）

李经理：____？（又该……呢）

王经理：那就只好放弃了。

李经理：希望一切顺利！

二、小组活动

1. 你上过facebook或者twitter吗？你上过中国的微博吗？说说你们的或者你们知道的在网络上的交友故事。

提示：可以从下面几个方面来谈

（1）讲述一个你遇到的真实的故事
（2）说说网络交友的利弊，可举例证明自己的观点

参考表达：一见如故　沉得住气 / 沉不住气　有水分　从手中溜走
不由得　粉丝　回复　转发　关注

2. 怎样才能减少网络上的谣言呢？请谈谈你们的想法。

角色：甲：网络就是自由的，只要自己不随便相信谣言就可以了，不需要采取任何措施。
乙：网络上专门有一些人，他们不喜欢谣言，他们喜欢找出哪些是谣言。网络是自由的，所以可以靠他们来发现谣言，从而减少谣言。
丙：只靠人们自己来减少谣言是不行的，必须靠国家、靠政府、靠有关的部门，比如说像韩国实行网络实名制就是一个很好的解决办法。

谈话语气：支持、反对、中立

参考表达：不由得　沉得住气 / 沉不住气　……还好，但是……
居然　犯不着　又该……呢

复习一

听力部分

一、听小对话，选择正确答案　录音 25

1. A. 小李做得不好
   B. 小李没有错
   C. 男的批评得对
   D. 男的不应该管

2. A. 他们商量春节去哪儿玩儿
   B. 没买到车票他们很失望
   C. 男的坚持要回家过春节
   D. 男的不喜欢去国外旅行

3. A. 生气
   B. 理解
   C. 安慰
   D. 着急

4. A. 观众不尊重演员
   B. 可以边吃东西边看
   C. 观众可以大声叫好
   D. 老舍茶馆有戏院的传统

5. A. 小狗非要把主人拉到屋外不可
   B. 小狗死了
   C. 小狗不顾主人死活
   D. 动物比人有同情心

6. A. 要带孩子去旅行
   B. 通过考试就满足她的愿望
   C. 不让孩子吃冰激凌
   D. 一定满足女儿的愿望

7. A. 女儿觉得自己脸型不好看
   B. 爸爸坚决反对女儿整容
   C. 女儿的话让爸爸很伤心
   D. 女儿已经有了整容目标

8. A. 女的应该接受这个工作
   B. 女的不应该接受这个工作
   C. 女的应该找个理想的工作
   D. 女的应该辞职

9. A. 李强的学习
   B. 李强找对象的问题
   C. 李强的工作
   D. 李强的性格

10. A. 男的没出问题
    B. 那辆车没问题
    C. 那辆车是新的
    D. 男的骗了他爸爸

11. A. 小李舍不得给自己花钱
B. 小李买房子后没钱了
C. 小李有好几个孩子
D. 小李已经到家了

12. A. 每个人的活动不一样
B. 一半的人听讲座
C. 打太极拳或打球
D. 上各种辅导班

13. A. 小张叫女的一起去出差
B. 男的不信任小张
C. 小张早就安排好了出差
D. 女的对男的表示不满

14. A. 他们很了解孩子
B. 女的想找点儿事做
C. 他们看不惯现在的孩子
D. 男的支持女的去做事

15. A. 王新歌儿唱得不错
B. 王新不喜欢唱卡拉 OK
C. 男的说的情况是真的
D. 王新根本没有跑

16. A. 男的对出国不感兴趣
B. 男的不在乎这个机会
C. 男的恐怕毕不了业了
D. 女的认为他应该出国

17. A. 着急
B. 理解
C. 安慰
D. 气愤

18. A. 惊讶
B. 怀疑
C. 兴奋
D. 满意

19. A. 他们认为室友不漂亮
B. 女的和她的室友关系很好
C. 男的不赞成女的那样做
D. 他们俩的看法相同

20. A. 新买了手机
B. 喜欢换手机
C. 有钱
D. 手机旧了

二、听短文，听后复述　录音 26

短文一：中学生与时尚

表达提示：

关于中学生与时尚，人们有不同的看法：有人认为可以尝试新的事物，这样才能跟得上时代；有人认为爱美要适度；有人认为孩子身上的时尚都是父母的血汗钱；有人认为可以追求有益的时尚。

短文二：月光族

表达提示：

女孩子爱打扮，平常美容、买衣服都比较多，很容易就成了月光族，月底就只能预支信用卡了。

口语部分

一、用指定的表达式或词语完成对话

1. 男：你听说了吗？咱们邻居王大力家把房子卖了，说是趁现在房价高，卖了房子可以赚一笔钱。

   女：那他们住哪儿去啊？

   男：大力说他们准备拿出卖房子收入的一小部分去租房住，剩下的都存银行。

   女：他妻子也同意卖房吗？

   男：当然不同意。

   女：是啊，放着好好的房子不住，却要去租房，他这是怎么想的？

   男：______________________________。（各有各的）

   女：______________________________。（不管怎么说）

   男：房子总归是生活中的一件大事，家安定了，才可能安心地做事和生活。

   女：可不是嘛。

2. 男：真糟糕，这次考试不及格。

   女：______________________________。（这下可好）

   男：______________________________。（好在）

   女：就算补考通过了，下学期你还能拿到奖学金吗？

   男：这很难说。

   女：要是拿不到奖学金，你打算怎么办呢？

   男：______________________________。（要不……，要不……）

   女：也只能这样。

3. 女：我要告诉所有人，这个女生有多讨厌，她太不为别人考虑了。真是气死我了，你不知道我每天忍她忍得多辛苦。哪天我要是忍不了了，我就……

男：________________________________。（该不会……吧）

女：我总不能一直这么让着她，这样下去也不是个事儿啊。

男：忍忍吧，________________________________。（……到头来）

女：事情不是发生在你身上，估计要是你身边有这样一个人，你比我还受不了。

4. 男：今天我去办了张健身卡，看来这个夏天有希望减肥成功。

女：________________________________。（得了吧）

男：虽然我做事情总是“三天打鱼，两天晒网”，你也应该给我点儿信心吧？

女：好，那就祝愿你能梦想成真，等你减肥成功，找到一个漂亮的女朋友。

男：________________________________。（就算……也……）

5. 男：现在我对我的生活很不满意，总是找不着有意思的事情干。

女：________________________________，（就……而言）好多人都羡慕你呢。

男：这有什么！学生会的事谁都能干。

女：________________________________。（你看看）

男：说到这个，我倒觉得你挺适合做学生会工作的。你有组织能力，又是热心肠儿。

女：谢谢师兄夸奖。

6. 男：我们班的王小强同学去参加全国大学生辩论赛，竟然得奖了。

女：________________________________？（居然）

男：是啊，大家都这么说，这么内向的一个人根本不可能派他去参加。

女：唉，刘群，你怎么没参加？我看你平时挺爱跟人辩论的。

男：当时老师是问过我，我有点儿犹豫。____________________，（乍一看）其实我的心理素质不如王小强，____________________。（……还好，但是……）

女：是吗？我还真没发现，看来我对你了解得还不够。

7. 男：这孩子的钢琴弹得真不错！肯定下了大功夫！

女：________________________________。（……到家了）

男：小小年纪能有这样的成绩真不简单。你小时候也学过琴吧？

女：________________________________。（不由得）

男：难怪有人说钢琴家是没有童年的。

8. 女：商场圣诞节大减价了，而且买600元还可以抽奖，大奖是电脑呢。咱们去看看吧。

男：每年这个时候，商场里人都特别多，我可不想去凑热闹。

女：__________________________________？（何乐而不为）

男：__________________________________。（恨不得）

女：谁让我们是女人呢？

二、选择一个情景，两人或三人一组进行会话

要求：对话中应至少使用 5 ~ 6 个表达式

1. 大学毕业后是否应该工作

情景：A 大学毕业了，但是没有找到合适的工作，所以他一直在家里闲着，每天上网看电影。他的两个朋友觉得这样下去不好，劝他出去工作，他们认为无论什么工作，先做着看，至少每天有事情做，也可以不靠父母。但是 A 坚持他的想法，要不就不工作，要不就找个好工作。三个人就这个问题展开讨论。

语气：劝说、无奈、坚持

2. 学生是否应该追求时尚

情景：一个女同学非常喜欢打扮，衣服都要最新款，而且一定要名牌。她的朋友和父母认为她现在没有收入，不应该过分追求时尚，应该集中精力学习。但是女孩儿觉得自己现在正是该打扮的年龄，每天打扮得漂漂亮亮的，心情好，别人也会喜欢她。父母劝说不了女儿，结果决定不再给她提供经济资助。几个同学谈对这件事的看法。

语气：叙述、批评、赞成、反对

3. 计划去看京剧

情景：几个朋友一起商量周末做点什么，有人提议看京剧，一个人不想去，因为他觉得他听不懂京剧的"语言"，而且听说剧场的环境有点儿乱，有人叫好，有人吃东西，他接受不了，他建议去听音乐会或是别的演唱会。但是其他朋友认为既然来到中国就要尝试去听京剧，而且这是中国的文化，应该了解。

语气：询问、说服、不理解、反对

参考表达：各有各的　不管怎么说　好在　这下可好　乍一看/听
要不……，要不……　……到家了　犯不着　到头来
何乐而不为　该不会……吧　得了吧　就算……也……
你看看　就……而言　说不上　V 到点子上　结果
可不是嘛　居然　不由得

5 青春偶像

讨 论

你追星吗？你对喜爱的歌手或影星迷到什么程度？如果有人为了追星抛弃一切，你会怎么看？

第一部分

学一学　录音 27

口语表达

那又怎样？　Nà yòu zěnyàng?

翻译	So what?
解释	那没什么。无所谓的态度。
例子	1. 我们就要跟别人不一样，就是不办婚礼，那又怎样？ 2. A：你都 30 多岁的人了还没对象，再不抓紧恐怕真要成剩女了。 B：剩就剩，那又怎样？ 3. A：为什么一定要上大学？我就是不想上，那又怎样？ B：有大学学历找工作有优势。 A：我看不一定。

一句话，……　yí jù huà, ……

翻译	in a word, in short
解释	用一句话概况自己要说的全部意思，有果断、坚决的意思。

例子

1. 你别听他说得漂亮，他这个人从来都是说一套，做一套。一句话，别信他。
2. A：你到底觉得这个电影怎么不好？是演员的演技不好，还是故事情节不好？
   B：演技和故事情节都不好，一句话，就是不喜欢。
3. 如果你一定要听我的意见，一句话：这个项目不值得做。

生　词

1	偶像	ǒuxiàng	（名）	idol
2	官方	guānfāng	（名）	official, by or of the authority
3	塑造	sùzào	（动）	to portray, to create
4	潇洒	xiāosǎ	（形）	elegant and unconventional
5	过激	guòjī	（形）	extreme, radical
6	崇拜	chóngbài	（动）	to worship, to adore
7	呕吐	ǒutù	（动）	to vomit
8	牺牲	xīshēng	（动）	to sacrifice
9	白痴	báichī	（名）	idiot
10	信仰	xìnyǎng	（名、动）	faith, belief; to believe in
11	疯狂	fēngkuáng	（形）	crazy, insane
12	空虚	kōngxū	（形）	vacuous, empty, void

专有名词

雷锋	Léi Fēng	Lei Feng, a Chinese soldier and hero
姚明	Yáo Míng	Yao Ming, a Chinese basketball player
成龙	Chéng Lóng	Jackie Chan, a Chinese actor
乔丹	Qiáodān	Michael Jordan
迈克尔 • 杰克逊	Màikè'ěr • Jiékèxùn	Michael Jackson
布拉德 • 皮特	Bùlādé • Pítè	Brad Pitt

熟　语

吃饱了撑的 chībǎole chēng de to be restless from overeating — to do sth. senseless/unnecessary	形容精力没用到应该用的地方，常用来表示不满。 例 1：谁这么吃饱了撑的，在我的车上划了一道？太可气了！ 例 2：你真是吃饱了撑的，管人家穿什么呢！

注释：

小贝：David Robert Joseph Beckham，对英国足球运动员贝克汉姆的亲热称呼。

听一听

热　身

一、听小对话，选择正确答案　录音 28

1. A. 女的因为喜欢要看
   B. 女的为放松心情而看
   C. 男的让女的看电影
   D. 男的不喜欢看电影

2. A. 同情
   B. 抱歉
   C. 惊讶
   D. 不满

3. A. 女的认为男的太着急了
   B. 女的不赞成男的那样做
   C. 男的向女的要工资
   D. 他们是上下级关系

4. A. 女的该被别人骂
   B. 女的不该阻止别人停车
   C. 有人骂女的不该管这事
   D. 男的认为女的不该管

5. A. 两个人对偶像的态度相同
   B. 男的赞成女的对偶像的态度
   C. 女的也不喜欢那个人
   D. 女的不在乎男的怎么说

6. A. 讽刺
   B. 惊讶
   C. 高兴
   D. 气愤

7. A. 惊讶
B. 好奇
C. 羡慕
D. 不理解

8. A. 男的不赞成女的这样做
B. 男人赞成女的这样做
C. 女的不知道该怎么办
D. 女的以前的男友很白痴

二、下面你将听到一句话，听后请做出恰当的应答 录音 29

1. ______________________________（那又怎样？）
2. ______________________________（那又怎样？）
3. ______________________________（一句话）
4. ______________________________（一句话）

课 文 关于偶像的讨论 录音 30

● 背景提示

你有偶像吗？如果有偶像，你选择偶像的标准是什么？你认为偶像对你的生活有影响吗？

一、听课文，判断正误

1. 姚明和成龙属于民间偶像，雷锋不一样。（ ）
2. 那位大一的学生是乔丹和杰克逊的粉丝。（ ）
3. 那位初三的女生只崇拜自己。（ ）
4. 第二个男的认为不值得为偶像去死。（ ）
5. 偶像的粉丝有时候也会跟偶像一起做慈善活动。（ ）
6. 最后一个人认为闲着没事的人才会崇拜偶像。（ ）

二、根据提示词语回答下列问题

1. 课文中提到了哪两种偶像？

由……塑造　民间　产生

2. 赞成偶像崇拜的人的观点是什么？

……而已　而是……　没有……就跟……没区别了

3. 反对偶像崇拜的人的观点是什么？

有什么了不起　不值得　白痴　空虚　吃饱了撑的

三、小组活动

辩论：你赞成课文中什么人的观点？为什么？

提示：

A 组赞成偶像崇拜
B 组反对偶像崇拜

参考表达：

有什么了不起　吃饱了撑的　要我说，什么……
一句话　哪值得　那又怎样

四、讨论

1. 你以前听说过雷锋吗？你是怎么知道他的？
2. 在你的成长过程中有没有受到过哪位偶像的影响？

小贴士：雷锋

雷锋是一个普通军人，是一个道德模范。他是个热心肠儿，做好事不留名，乐于助人。他不计较个人得失，愿意为集体牺牲，愿意为国家的伟大目标献身。1960年，当时的中国正经历经济困难时期，全国各地都在提倡“勤俭节约”，雷锋被评为节约标兵。雷锋作为一种精神或信仰的代名词已影响了整个中国几十年。毛泽东1963年3月5日亲笔题词，号召“向雷锋同志学习”。从此，雷锋成为整整几代人学习的榜样。每年的3月被定为学雷锋月。

第二部分

学一学　录音31

口语表达

就是　jiùshì

翻译	that’s true/exactly
解释	对。表示同意，在附和别人时使用。
例子	1. A：这套房子是不错，不过离单位太远了，上下班路上要花那么多时间就不值得了。 B：就是，还是考虑离单位近的吧。 2. A：你说小明是不是太空虚了？整天追星，哪儿有演唱会都要买票去看。 B：就是，我也看不惯他这点。 3. A：小王都二十多岁了，也不找工作，还啃老，真是太说不过去了。 B：就是，随便找点儿事做，都能养活自己。

生词

1	退学	tuì xué		to drop out, to leave school
2	心愿	xīnyuàn	（名）	cherished desire, aspiration
3	供	gōng	（动）	to supply, to provide
4	可惜	kěxī	（形）	pitiful, regrettable
5	单独	dāndú	（副）	alone, on one's own
6	不得已	bùdéyǐ	（形）	having no alternative but, against one's will
7	毁	huǐ	（动）	to ruin, to destroy
8	遗书	yíshū	（名）	letter or note left by one right before death, suicidal note
9	绝望	juéwàng	（动）	to give up hope, to despair
10	充当	chōngdāng	（动）	to act as, to play the role of
11	丧失	sàngshī	（动）	to lose

熟语

1 倾家荡产
qīngjiā dàngchǎn
to lose all one's property

全部财产都没有了。
例 1：我一个同事的老公迷恋赌博，已经输得倾家荡产了。
例 2：你们都别劝了，我就是倾家荡产也要把这个项目搞下去。

2 一心一意
yìxīn yíyì
wholeheartedly, with undivided attention

真心实意，专心（做一件事）。
例 1：自从母亲病重住院以后小王就辞了职，一心一意照顾她母亲。
例 2：学习应该一心一意，像你这样一边上网，一边学习，怎么可能学好？

3 一贫如洗
yìpín rúxǐ
penniless, in utter destitution

穷得像被水洗过的一样，形容什么都没有。
例 1：他现在一贫如洗，给他什么工作他都会干的。
例 2：父母为了给孩子治病，已经一贫如洗了。

4 满世界 mǎnshìjie (*usu. derogatory*) everywhere	到处、范围广的意思，常用于贬义。 例1：想找补习班的信息还不容易？满世界都是补习班广告。 例2：这件事你可要保密啊，不要咱们还没开始干呢，就满世界都知道了。
5 想得开 / 想不开 xiǎng de kāi/xiǎng bu kāi to (not) take things easy, to (not) tend to look on the bright side of things	不过分看重某件事情，能够乐观地处理事情。否定形式是“想不开”。 例1：A：现在我男朋友没了，工作也丢了，真觉得活着没有意思了。 B：你别这么想不开！这些都是可以重新拥有的。 例2：A：你们已经分手了，你想开点儿吧。 B：我怎么能想开？事情太突然了，上个星期我们俩还商量婚礼的事呢！

注释：

华仔 （Huázǎi）：Andy Lau，对香港电影、歌唱明星刘德华的亲热称呼。

听一听

课文 倾家荡产圆追星梦 录音32

背景提示

你是追星族吗？你会追着自己的偶像到处跑吗？你的父母一定不支持你这么做吧。如果做父母的也支持子女追星，你会怎么想？

一、听课文，选择正确答案

1. A. 始终支持
   B. 从反对到支持
   C. 没有任何表态
   D. 坚决反对

2. A. 退学
   B. 到香港去见歌星
   C. 到北京看演唱会
   D. 背着父母去香港

3. A. 对生活绝望了
   B. 对媒体不满
   C. 对女儿不满
   D. 对那位歌星不满

4. A. 太无知了
   B. 爱孩子胜过爱自己
   C. 有牺牲精神
   D. 对孩子过分溺爱

5. A. 媒体不该报道这样的事
   B. 父母应该严格管教孩子
   C. 应该理智地对待偶像
   D. 不应该搞偶像崇拜

二、根据提示词语回答下列问题

1. 玲玲的父母对女儿追星采取了什么态度？

劝　没劝动　变成　帮助……实现

2. 玲玲疯狂追星导致了什么后果？

退学　一心一意　一贫如洗　跳海　自杀

3. 说话人对玲玲的父母提出了什么批评？

付出　把家毁了　要看……　像……　这样只会……

4. 从对话看，那位父亲自杀的原因是什么？

除了……以外　什么都……　他已经……

三、讨论

1. 玲玲的父母错在哪儿?
2. 玲玲事件告诉人们什么?
3. 谈谈你对这个事件的看法。

说一说

一、根据所给情景和提示完成对话

一对恋人谈论起某对明星夫妻的婚变。男的不太关心明星的生活，对女友喜欢八卦（bāguà, gossip, 谈论明星或他人隐私）表示出了不满。

（语气：不满、不在乎）

女：听说阿龙跟阿凤要离婚了。

男：不是说阿凤又怀孕了吗？怎么忽然又传出要离婚了？你又从哪儿乱听来的?

女：这两天网上都是关于他们俩的消息，你都没看吗?

男：______________________________?（吃饱了撑的）

女：你怎么能这么说？喜欢八卦的人多了，难道人家都是吃饱了撑的?

男：可不就是。这么多有意思的事情不关心，整天关心那些跟自己没关系的事情！

女：______________________________?（那又怎样）

男：我看你呀不是有毛病，就是空虚。______________________________。（一句话）

女：你还说我无聊，你跟你那些哥们儿在一块儿除了喝酒，就是瞎侃，你怎么不说没意思，不去聚呢?

男：______________________________，（不得已）其实我也不喜欢吃吃喝喝的。

女：既然你这么说，那你对我的个人爱好就不能说什么。

男：好，好，我不管你了。不过我提醒你要是看到你的偶像的不好消息，______________________________。（想不开）

女：你放心吧，我还不至于那么白痴。

二、小组讨论：选择下图中的人物，说一说把他们作为偶像的原因。（也可以换成其他人）

第一步：选择一个人物做简单介绍，并发表自己的看法，其他成员注意听，并记录下说话人的观点。

第二步：对他人的观点做出评价，赞成或反对意见都可以。

马克•扎克伯格

迈克尔•杰克逊

比尔•盖茨

尼尔•奥尔登•阿姆斯特朗

参考表达：只是……而已　一句话　各有各的　就跟……没区别
从哪个角度讲　就是　那又怎样

三、表达练习

根据提示词语完成下面的讨论：

两个人在讨论外星人的问题。一个人认为有外星人存在，而且认为他们还到过地球。另一个人表示怀疑，对此进行反驳。

参考表达：不过是……而已　一句话　你注意到没有
从哪个角度讲　满世界　哪值得

6 亲子关系

讨 论

在你的心目中，妈妈是什么形象？中国妈妈又是什么形象？很多男孩子喜欢冒险，如果你是家长，会怎么对待男孩子的冒险行为呢？

第一部分

学一学 录音 33

口语表达

好家伙 hǎojiāhuo

翻译	(*indicating surprise*) Oh, my god!/Good lord!
解释	表示惊讶。
例子	1. 好家伙，这 5 岁的孩子居然搬得动 100 斤的东西。 2. 好家伙，他又中了个大奖。 3. A：他的汉语说得和中国人一样。 B：好家伙，你不知道他是怎么学习的，他每天学习 12 个小时。

谢天谢地 xiètiān xièdì

翻译	Thank goodness!
解释	幸好，庆幸。
例子	1. 谢天谢地，他终于接我的电话了。 2. 你总算安全回来了，真是谢天谢地。 3. A：快点儿，不然就赶不上末班地铁了。 B：谢天谢地，我们终于赶上了。

生 词

1	强烈	qiángliè	（形）	strong, violent
2	攀比	pānbǐ	（动）	to compare and compete (with each other socially)
3	母鸡	mǔjī	（名）	hen
4	翅膀	chìbǎng	（名）	wing
5	嫌	xián	（动）	to loathe, to complain
6	出息	chūxi	（名）	prospects, promise, future
7	流行语	liúxíngyǔ	（名）	popular phrase
8	挑食	tiāoshí	（动）	to be picky about what one eats
9	操心	cāo xīn		to worry about

熟 语

1	评头论足 píngtóu lùnzú to carp at, to find fault with	对人或事物随便议论。 例 1：他有一个坏毛病，就是爱对人评头论足。 例 2：作为公众人物，就该习惯人们的评头论足。
2	说了算 shuōle suàn to decide, to have the final say	做主，决定。 例 1：我们家大事都是爸爸说了算。 例 2：你是主人，怎么决定你说了算。

听一听

热 身

一、听小对话，选择正确答案　录音 34

1. A. 谁家的车高级
   B. 谁住的房子大
   C. 谁的学习成绩好
   D. 谁去过的国家多

2. A. 小明很多东西都不吃
   B. 小明比妹妹重 10 斤
   C. 小明个子不高
   D. 妹妹挑食

3. A. 阅读课
   B. 流行语
   C. 听力课
   D. 文化课

4. A. 大家都在评论这件事
   B. 这件事影响不大
   C. 老师接受了网站的采访
   D. 电视台采访了老师

5. A. 以前不是个好学生
   B. 看过心理医生
   C. 当过辅导老师
   D. 和别人打过架

6. A. 她很伤心
   B. 她很开心
   C. 她不信任别人
   D. 她评论别人了

7. A. 走路
   B. 坐公交车
   C. 坐出租车
   D. 先坐车再走路

8. A. 工作
   B. 朋友
   C. 旅行
   D. 同学

二、下面你将听到一句话，听后请做出恰当的应答　录音 35

1. ______________________（好家伙）
2. ______________________（好家伙）
3. ______________________（谢天谢地）
4. ______________________（谢天谢地）

课文　"中国妈妈"　录音 36

背景提示

在你的心目中，妈妈是什么形象？"中国妈妈"又是什么形象呢？

一、听课文，判断正误

1.“中国妈妈”的文章发表在网络上。 (　　)
2. 女的不知道这篇文章。 (　　)
3. 有的“中国妈妈”不许孩子在高中或大学期间谈恋爱。 (　　)
4. 大多数“中国妈妈”都喜欢替孩子做决定。 (　　)
5. 如果孩子说要当汽车修理工，“中国妈妈”会很高兴。 (　　)
6. 最近，“我妈嫌我”这句话在网络上很流行。 (　　)
7. 男的认为“中国妈妈”最操心。 (　　)
8.“中国妈妈”正在改变。 (　　)

二、根据提示词语回答下列问题

1. 在国外学生、家长眼中，“中国妈妈”有什么特点？

攀比　名牌　干涉　比如　评头论足　甚至　说了算

2. 举例说明“中国妈妈”和西方妈妈有什么不同。

像　管得太死　鼓励

三、讨论

1. 录音中提到的网络流行语是什么？你还知道哪些汉语网络流行语？
2. 你的妈妈和课文中的妈妈一样吗？你的妈妈有什么特点？

第二部分

学一学　录音37

口语表达

这话怎么讲?　Zhè huà zěnme jiǎng?

翻译	What do you mean?
解释	你这么说是什么意思?
例子	1. A：他女友说他像块木头。 B：这话怎么讲? A：这还不明白吗? 意思是他太笨了。 2. A：你说我上当受骗是自找的，这话怎么讲? B：我告诉过你那家旅行社很黑，你不信，硬要去，这还不是自找的? 3. A：你可真有意思。 B：这话怎么讲? A：你不是刚从酒吧回来吗? 怎么又要去酒吧?

从那以后　cóng nà yǐhòu

翻译	from then on
解释	从此。
例子	1. 我大学毕业后去了趟埃及，游览了很多古迹，从那以后我就迷上了古代埃及史。 2. 两年前我跟同学一起去过北京周边的农家院，从那以后再也没去过。 3. 十年前我们大学毕业，从那以后就再也没见过。

就是说　jiù shì shuō

翻译	it means..., in other words
解释	意思是，也就是说。

例子	1. A：你别生气，小梅本来不是那个意思。 B：就是说我想得太多了？ 2. 父母中有一个人胖，孩子的发胖率是40%，如果父母双方都胖，发胖率是80%，也就是说肥胖主要还是跟基因有关。

生　词

1	野	yě	（形）	unrestrained, undisciplined
2	滑板	huábǎn	（名）	skateboard
3	冲浪	chōnglàng	（动）	to surf
4	不计	bújì	（动）	to give no thought to, to disregard
5	下地	xià dì		to leave a sickbed
6	脊柱	jǐzhù	（名）	spinal column
7	汲取	jíqǔ	（动）	to draw, to derive
8	意志	yìzhì	（名）	will, willpower
9	畏惧	wèijù	（动）	to fear, to dread
10	执着	zhízhuó	（形）	persevering, persistent

熟　语

1	算得上 suàn de shàng can be counted as, can be regarded as	可以算作，能算是。否定形式是"算不上"。 例1：我看你给小梅报的这些辅导班中，也就美术课算得上是有用的，别的都是浪费时间。 例2：他算得上是个体育全能选手，什么运动都会。
2	适得其反 shì dé qí fǎn to run counter to one's desire	结果跟希望的正好相反。 例1：小兰想去把鼻子垫高一点儿，结果适得其反，手术失败了，鼻子比以前更塌了。 例2：你觉得是帮他，其实是适得其反，你是害了他。

听一听

课　文　**你爱冒险吗**　录音 38

● **背景提示**

有些运动是有危险的，比如滑雪、赛摩托车等，轻者受伤，重者死亡，可是仍有很多男孩子喜欢冒险。家长该怎么对待男孩子的冒险行为呢？请听下面的采访。

一、听课文，选择正确答案

1. A. 他喜欢运动
   B. 他喜欢危险的运动
   C. 他不听父母的话
   D. 他喜欢玩儿

2. A. 支持他做他喜欢的运动
   B. 爸爸亲自教他学习滑板
   C. 对他不管不问
   D. 对他很溺爱

3. A. 他受了一些轻伤
   B. 一点儿伤也没有
   C. 他几乎成了残疾人
   D. 他的腿摔断了

4. A. 他当了父亲
   B. 对运动不感兴趣了
   C. 胆子变小了
   D. 家长坚决反对

5. A. 冒险可以锻炼人的意志
   B. 冒险使人不畏惧困难
   C. 家长不该反对
   D. 家长应该告诉孩子方法

二、根据提示词语回答下列问题

1. 王强对小时候的自己是如何评价的？

算得上　不知轻重　不计后果　不知道怕

2. 王强是怎么受的伤？伤得如何？

爬　不小心摔断　下不了地

3. 他从那次受伤中汲取了什么教训？

从那以后　如果……，一切都……　对自己说

4. 对于家长反对孩子冒险，他是怎么看的？

适得其反　越是……，越是……　锻炼意志　走上社会

三、根据提示词语复述王强在采访中说的话

小的时候　算得上是……　哪知道……　冒起险来……
有一次……　当时医生说……　从那以后……
他想如果真的……，那……，所以……　如果……
不会……的　因为……他认为……

四、讨论

你喜欢冒险吗？谈一谈你的或你知道的冒险经历。

说一说

一、根据所给情景和提示完成对话

> 李安（Ang Lee）导演的《少年派的奇幻漂流》(*Life of Pi*）一上映就引起了影迷极大的追捧，被称为2012年最佳影片。导演李安用了五年的时间才完成了该片的拍摄，从中可以看到李安对该片投入的巨大精力。

A：听说《少年派的奇幻漂流》上映一周的票房就超过了一亿人民币。

B：____！（好家伙）

A：这个电影还创造了新电影一周票房不变的奇迹。

B：这话怎么讲？

A：____。（就是说）

B：是啊，一般再好的电影上映一周后，票房也都会降下来。

A：我很喜欢李安导演。我看过的他的第一部电影是《卧虎藏龙》(*Crouching Tiger, Hidden Dragon*)，____________________________________。（从那以后）

B：我也看过这部电影，____________________________________。（算得上）

A：听说李安在准备拍摄《少年派的奇幻漂流》的五年里，得到了整个台湾电影界的支持，这期间整个台湾电影的制作都停止了。

B：是吗？听你这么一说，这个电影一定不错，我一定要去看看。

A：好啊，咱俩一块儿去，我请你。

二、小组活动

1. 两个人一组会话

假设你们是家长。一个人的孩子出现了以下情况，你们俩交流看法和经验。

沉迷网络

考试全部不及格

参考表达：适得其反　好家伙　从那以后　谢天谢地　攀比　干涉
管得太死　出息　嫌

2. 两人一组会话

谈谈你和父母之间的关系，并举例说明。

三、看图说话

你会做下面这些运动吗？你喜欢哪项运动？为什么？

滑板

滑雪

骑摩托车

攀岩

参考表达：意志坚强　不畏惧困难　执着　从小就　死掉
一切都完了　汲取教训　挑战自我　不计后果
算得上

7 学校教育

讨 论

每个人都对小学和中学的学习生活有一段记忆。你记忆中的学校生活是什么样子的？你曾经为准备进入大学的考试拼命学习了吗？

第一部分

学一学　录音 39

口语表达

（你）别说　（nǐ）biéshuō

翻译	(*used to agree with sb.*) I should say, ...
解释	本来自己持怀疑态度，但事实证明某事是正确的，或根据自己的实践和判断，来肯定某人的说法及意见。
例子	1. 你别说，你介绍的这个办法还真行。 2. A：咱们下雪的时候去故宫好吗？听说那里的雪景可漂亮了！ B：你别说，这真是一个好主意。 3. A：我跟你说做瑜伽对锻炼腰有好处吧？ B：你别说，我坚持练了两个月，感觉腰舒服多了。

那是　nà shì

翻译	without doubt, certainly
解释	那当然，非常肯定的语气。

例子	1. A：大家都住在这个小区里，就应该爱护自己的小区环境。 B：那是。 2. A：没想到你还真行，这么多人去劝她，都没劝动，你一去，就把她说服了。 B：那是，我知道怎么说她才爱听。 3. 你说天气热不想上班？那是，大热天谁愿意上班啊，可是不上班不行啊！

话又说回来 huà yòu shuō huilai

翻译	on the other hand, from another perspective
解释	换句话说，也有表示转折、但是的意思。
例子	1. 我知道逼着小孩子学习是不对的，但话又说回来，你不逼他们，他们是不会主动学习的。 2. A：你看北京这么堵，都是因为私家车太多了，应该对私家车进行更严格的限制。 B：拥堵是因为车多，但话又说回来，限制私家车也不能从根本上解决问题。 3. 你嫌父母对你的事管得太多？话又说回来，你那一年没有工作在家闲着，他们供你吃，供你用，要不是他们管着你，你能有今天吗？那时你怎么不说不让他们管呢？

生　词

1	灌输	guànshū	（动）	to imbue with, to instill into
2	背（诵）	bèi（sòng）	（动）	to learn by rote, to recite
3	记性	jìxing	（名）	memory
4	经典	jīngdiǎn	（名）	classics, classical work
5	死记硬背	sǐjì yìng bèi		to learn by rote, to memorize mechanically
6	刻	kè	（动）	to engrave, to carve
7	思维	sīwéi	（名）	thought, thinking
8	吃不消	chībuxiāo	（动）	to be unable to bear/stand
9	煮	zhǔ	（动）	to boil, to cook
10	剁	duò	（动）	to chop, to cut
11	炖	dùn	（动）	to stew
12	外婆	wàipó	（名）	maternal grandmother

13	价值观	jiàzhíguān	（名）	(one's) values
14	两难	liǎngnán	（形）	in a dilemma
15	信条	xìntiáo	（名）	article of creed or faith, tenet

熟　语

1	脱口而出 tuōkǒu'érchū to blurt out, to say unwittingly	没有经过大脑思考，直接把自己的想法说出来。 例 1：说话以前要想想这话该不该说，不要总是脱口而出，以免伤到别人。 例 2：小王记的唐诗可多了，聊天儿的时候常常脱口而出。
2	派上用场 pàishàng yòngchǎng to be put to good use, to be useful	形容这个东西能用得到，很有用。 例 1：学习的知识总会派上用场的。 例 2：这些没用的东西扔了算了，放在家里什么时候能派上用场啊？
3	振振有词 zhènzhèn yǒucí to speak glibly (to justify onself)	形容自以为自己的理由很充分，一直在说。 例 1：别这么振振有词的，其实你真的错了。 例 2：明明是他自己忘了，他却振振有词地说我没通知他。
4	耳濡目染 ěrrú mùrǎn to be imperceptibly influenced by what one constantly sees and hears	形容听得多了，见得多了，就自然而然受到了影响。 例 1：他虽然没有学过画画儿，但是他父亲是画家，耳濡目染，他对画画儿也有了很多了解。 例 2：父母就是孩子的榜样，孩子通过耳濡目染会学着父母的样子做事。

注释：

1. 唐诗（Tángshī）：中国古代唐朝的诗歌。
2. 宋词（Sòngcí）：继唐诗之后的又一种文学体裁。
3. “床前明月光，疑是地上霜”（chuáng qián míng yuèguāng，yí shì dì shàng shuāng）：中国古代唐朝著名诗人李白《静夜思》中的诗句。
4. “昔孟母，择邻处”（xī Mèng mǔ，zé lín chǔ）：中国古代蒙学书《三字经》中的句子。孟子（中国古代著名哲学家）的母亲为了让孟子健康成长，选择能给他好影响的环境居住。这句话说明，应该为孩子的成长教育创造有利的环境。

听一听

热 身

一、听小对话，选择正确答案　录音 40

1. A. 这首诗王伟小时候就背过
   B. 这首诗是王伟中学时背的
   C. 这首诗是父母让他背的
   D. 这首诗王伟已经记不全了

2. A. 这个孩子身体不太好
   B. 这个孩子不想吃饭
   C. 这个孩子学习很辛苦
   D. 这个孩子学习比较差

3. A. 不在乎
   B. 不理解
   C. 否定
   D. 肯定

4. A. 女的不赞成邻居的做法
   B. 他们想在房子涨价前买房
   C. 好学校周围的房子比较贵
   D. 男的的邻居家要搬家了

5. A. 老充电器可以用在新手机上
   B. 男的舍不得扔掉旧充电器
   C. 手机充电器找不到了
   D. 女的认为男的有好习惯

6. A. 男的担心女的的身体
   B. 男的担心妈妈的健康
   C. 女的认为男的做不了
   D. 男的劝女的消消气

7. A. 否定
   B. 谦虚
   C. 得意
   D. 不满

8. A. 领导正在跟女的谈话
   B. 男的祝贺女的职位提升
   C. 女的怕丢工作不敢生孩子
   D. 女的怕丢职位不敢生孩子

二、下面你将听到一句话，听后请做出恰当的应答　录音 41

1. ____________________（那是）
2. ____________________（那是）
3. ____________________（你别说）
4. ____________________（你别说）
5. ____________________（话又说回来）
6. ____________________（话又说回来）

课文 这样灌输对吗 录音 42

● **背景提示**

你喜欢背书吗？你小的时候父母强迫过你背书吗？你背过的东西现在还记得住吗？

一、听课文，判断正误

1. 大人知道小孩子不懂唐诗、宋词，但还是让他们背。（　　）
2. 背诵的好处是用得着的时候马上就能说出来。（　　）
3. 这两个人都非常赞成背诵。（　　）
4. 朋友的孩子对背诵很反感。（　　）
5. 男的举那个妇女煮肉的例子要说明习惯是可以培养的。（　　）
6. 大人在教育孩子时一定不能让他感到受到欺骗。（　　）
7. 他们认为让孩子背诵可以，但要注意选择好背诵内容。（　　）

二、根据提示词语回答下列问题

1. 中国家长对小孩子的教育方式是什么？他们为什么采用这种方式？

因为　最好的　不追求　慢慢就

2. 说话人认为背诵有什么好处？

派上用场　刻　脱口而出　开发　训练

3.“昔孟母，择邻处”对现代人有什么影响？

为……搬家　炒高

4. 那个朋友的孩子因为什么反对背诵？他是怎么做的？

吃不消　振振有词

5. 对于背诵和灌输，说话人是怎么看的？

耳濡目染　如果……，如果……　影响　碰到　两难

三、小组活动

辩论：有人认为，背诵是接受经典最好的办法；也有人认为背诵是很痛苦的事情，是强制灌输价值观的方式。你的看法呢？

辩论题目：背诵是一种好的学习方法吗？

正方：赞成背书是一种很好的学习方法。

反方：反对死记硬背。

参考表达：背多了，就……　等……了，就……　这样一来

这就是因为　人家问他　有什么好处呢

这是……的结果　当他……时，就……了

四、讨论

说一说你在上小学之前父母对你采用的是什么教育方式。

第二部分

学一学　录音 43

口语表达

……就好了　……jiù hǎo le

翻译	if only (one had made another choice)
解释	希望当初选择另一件事，现在有点儿后悔。
例子	1. 当时我要是不打那个电话就好了，也就不会受骗了。 2. 当时我听他的建议就好了，我们就不会损失那么多钱。 3. A：真羡慕你们，拍了这么多漂亮的照片！我要是跟你们一起去就好了。 B：不用后悔，以后还会有机会的。

生　词

1	高考	gāokǎo	（名）	college entrance examination
2	玩儿命	wánr mìng		to do sth. recklessly
3	熬夜	áo yè		to stay up late or all night
4	高三	gāosān	（名）	third year in high school
5	出一身汗	chū yì shēn hàn		to work up a sweat
6	享受	xiǎngshòu	（动）	to enjoy
7	慌	huāng	（形）	panicky, flurried
8	不愧	búkuì	（副）	to be worthy of the title of
9	痛恨	tònghèn	（动）	to detest, to hate bitterly
10	怀念	huáiniàn	（动）	to cherish the memory of
11	过头	guò tóu		to overdo; over-

熟　语

前所未有 qiánsuǒwèiyǒu unprecedented	以前从来没有过的。 例 1：他取得了奥运会上这个项目前所未有的好成绩。 例 2：今天这场雨太大了，真是这个地区前所未有的！

听一听

课　文　记忆中的高考　录音 44

● **背景提示**

提起高考你会想到什么？高考给你留下了怎样的印象？

一、听课文，判断正误

1. 因为高考，女的觉得每天时间都不够用。（　　）
2. 女的高中时经常熬夜。（　　）
3. 男的高中时喜欢去补习班。（　　）
4. 女的高考的时候很紧张。（　　）
5. 男的高考后自己去旅行了。（　　）
6. 女的有时候做梦会梦到高考。（　　）

二、根据提示词语回答下列问题

1. 高中生活中女的最享受的是什么？

因为　产生了兴趣　……就好了

2. 高考时，女的紧张吗？为什么？

没怎么　慌　想象　熟悉

3. 回忆起高考，女的有什么感受？

机会　管理　后遗症

三、两人一组，在下列两个题目中选择一个进行对话

1. 谈谈你对高考的看法。

提示：可以从以下几个方面来谈

（1）正方支持高考，理由：客观公正、有利于选拔人才、不仅考知识，也考心理素质等等。
（2）反方反对高考，理由：一次考试很难反映学生水平、不能反映学生各个方面的能力、为考试而学习等等。

参考表达：玩儿命　话又说回来　结果　那样的话

2. 你们国家也有高考吗？谈谈你的高考经历。

提示：可以从以下几个方面展开

高考前的准备、高考时的状态、高考后的等待或放松

参考表达：玩儿命　……就好了　你别说　结果　派上用场

说一说

一、根据所给情景和提示完成对话

王强一个人看两个店，一个是打字复印店，一个是小食品店。他现在每天凌晨一两点睡觉，早上七八点起来去菜市场买菜进货。最近他的头发白了好多，一天三餐没一餐是准时的，他感觉自己快吃不消了。

小刚：王强，我买了两张足球比赛的票，明天我请你去看球赛。

王强：哎哟，小刚啊，谢谢你啦，我哪去得了啊？你请别人去吧。

小刚：你知道这次球赛有英国著名的球星，你不是很喜欢他们吗？

王强：是啊，________________________。（要是……就好了）

小刚：你不能让你妹妹来照顾一下商店吗？

王强：不行，她今天晚上要去上课。

小刚：我看你每天都那么晚回家，太辛苦了！

王强：________________________。（算不上）

小刚：不要太玩儿命，________________________。（吃不消）

王强：谢谢你的关心！其实我也想舒舒服服地挣钱，也想过到一个小公司去当个职员，哪怕钱少点儿也行。________________________？（话又说回来）

小刚：孩子上大学还早着呢，犯不着现在就给他攒钱！再说了，他将来也可以自己打工挣学费嘛。

王强：话是这么说，不过我现在能挣还是尽量挣吧。____________________________________。（派上用场）

小刚：你可真是个好父亲！

二、小组活动

小组成员交流自己少年时期的读书经历。

请每个小组成员说一说自己少年时期读过的课外书的类型，如经典文学作品、历史小说、人物传记、科学常识、课外辅导书等。说一说你读的书是自己选择的，还是家长或老师推荐你阅读的，你读的最多的是哪类书，它们后来对你有什么影响。

8 人际交往

讨 论

一个人走入社会后，总是会遇到一些不愉快的事情，比如，工作忙，得不到朋友或亲人的理解，再比如，朋友或同事总向你借钱，你又不好意思拒绝。碰到这样的情况你会怎么处理？

第一部分

学一学　录音 45

口语表达

有什么……尽管……　yǒu shénme……jǐnguǎn……

翻译	to do whatever you want to do or think of doing without hesitation or fear
解释	按想做的做，不要有任何顾虑。
例子	1. 别犹犹豫豫的，有什么想说的尽管说吧。 2. A：你摇头是什么意思？有什么意见尽管说。 B：那我就说了。你这个计划根本就没法儿实行，想得倒是很好，但是缺乏资金，也缺乏人才。 3. A：小王，你对我有什么不满，就尽管说，我不会计较的。 B：经理，那我就说了。我觉得您对我不公平，您似乎不相信我的能力。

……呢　……ne

翻译	*used to mark a pause*
解释	语气停顿，表示列举。

例子	1. A：你们都做了自己的拿手菜带过去，我不会做饭，我带什么啊？ B：你呢，什么都不用带，就带着嘴去就行了。 2. 王老师对学生要求很严，在课堂上谁要是不注意听讲，准得挨他批评，刘老师呢，跟王老师完全不一样，他从来不点名批评学生，都是下课后找学生谈话。 3. 咱们先别着急决定。明天天气好呢，就去；天气不好呢，就再做别的安排。

明知……，为什么……　míngzhī……，wèi shénme……

翻译	since/as/now that..., why...
解释	既然……，为什么……
例子	1. 明知打人不对，为什么还和同学打架？ 2. A：我又失恋了，你说我怎么总是被人甩呢？ B：明知人家跟你在一块儿是为了钱，为什么还愿意上当受骗？ 3. 他呀，明知道自己的身体吃不消，为什么还勉强参加比赛呢？

生　词

1	请教	qǐngjiào	（动）	to consult, to ask for advice
2	借口	jièkǒu	（名）	excuse, pretext
3	责怪	zéguài	（动）	to blame, to reproach
4	精心	jīngxīn	（形）	meticulous, elaborate
5	惊喜	jīngxǐ	（形）	pleasantly surprised
6	在意	zài yì		to care about, to mind
7	体弱多病	tǐ ruò duō bìng		weak and sickly
8	招呼	zhāohu	（动）	to ask, to tell
9	海绵	hǎimián	（名）	sponge
10	失眠	shī mián		insomnia
11	高血压	gāoxuèyā	（名）	hypertension
12	抑郁症	yìyùzhèng	（名）	depression

熟　语

1　走……的路 zǒu……de lù (*derogatory*) to follow sb., to imitate sb.	指跟在别人后面模仿。有贬义。“走自己的路”意思是坚持做自己认为正确的事。 例 1：咱们的邻居小李打麻将打上了瘾，家都不顾，结果老婆跟他离婚了。你可别走他的路。 例 2：A：您是不是担心我走我哥哥的路啊？您放心，我不会那么傻，我会走自己的路。 B：你自己明白就好。
2　无所不在 wúsuǒbúzài to exist everywhere, to be omnipresent	到处都是。 例 1：那家公司的广告无所不在，你竟然没看到过？ 例 2：好人无所不在，可你怎么却总碰上坏人呢？
3　鸡毛蒜皮的小事 jīmáo suànpí de xiǎo shì trifles, trivialities	指生活和工作中不重要的、无意义的小事情。 例 1：你说他乱放东西、不爱洗衣服、吃饭出声，这都是些鸡毛蒜皮的小事，都可以改。他还有很多优点你都没看到。 例 2：A：为一点儿鸡毛蒜皮的小事，生那么大气，至于吗？ B：谁说是鸡毛蒜皮的小事？
4　斤斤计较 jīnjīn jìjiào to haggle over every ounce, to be calculating	指对比较小的、没意义的事情考虑得太多，太认真。有贬义。 例 1：A：我来公司两年了，一直认认真真地工作，可是这次公司有一个新项目，老板让一个刚来公司不到一年的人参加，竟然不让我参加。 B：工作上不要太斤斤计较，老板没让你参加这个项目，也不能说就是对你不满意。 例 2：王丽这个人，你放心，她可不是那种斤斤计较的人。

听一听

热　身

一、听小对话，选择正确答案　录音 46

1. A. 满意
   B. 不满
   C. 着急
   D. 无所谓

2. A. 老李车开得很快
   B. 女的不想这样生活
   C. 女的出了车祸
   D. 女的不得不开快车

3. A. 男的有亚健康征状
   B. 男的什么都不想做
   C. 女的给了男的一些建议
   D. 男的很可能病了

4. A. 王总不同意女的请假
   B. 王总对女的很不满
   C. 王总不知道该不该答应她
   D. 女的工作忙不开了

5. A. 女的想找减肥的方法
   B. 跑步可以减肥
   C. 女的不了解跑步的好处
   D. 跑步不需要去健身房

6. A. 对家庭很不负责任
   B. 不关心家里的小事儿
   C. 不会干家务
   D. 不了解妻子说的事情

7. A. 女的对男的不满
   B. 男的笑话女的
   C. 女的不会安排时间
   D. 女的比男的干得多

8. A. 男的很少玩儿
   B. 女的不希望男的去
   C. 男的觉得玩儿没意思
   D. 男的昨晚没睡好

二、下面你将听到一句话，听后请做出恰当的应答　录音 47

1. ______________________________（有什么……尽管……）
2. ______________________________（有什么……尽管……）
3. ______________________________（……呢）
4. ______________________________（……呢）
5. ______________________________（明知……，为什么……）
6. ______________________________（明知……，为什么……）

课文　对话压力　录音48

● 背景提示

现代社会快节奏的生活和工作压力让很多人不适应，为此有些人年纪轻轻就患上了高血压，还有些人出现了心理问题，甚至还有些人得了抑郁症。在这种情况下，他们向心理专家发出了求救。

一、听课文，判断正误

1. 这个网友的女朋友对他有误解。（　　）
2. 专家认为男的的女朋友的做法没有错。（　　）
3. 专家认为男的现在体弱多病。（　　）
4. 男的不了解运动的好处。（　　）
5. 男的忙得连跟朋友聚会的时间都没有。（　　）
6. 专家认为男的可以挤出时间运动。（　　）
7. 男的担心自己会抑郁。（　　）
8. 不计较、学会放弃可以减少压力。（　　）

二、根据提示词语回答下列问题

1. 这个网友心烦的原因是什么？

不理解　觉得是　好不容易……的时候，又……　搞得

2. 对解决男的和他女朋友的问题，专家提出了什么建议？

对于……来说　是可以……的　尽量　另外　就不会

3. 男的的运动时间得不到保证的原因是什么？

总　……的时候就……　有时候又……　很难

4. 专家说“时间就是海绵里的水”要说明什么？

不善于　可能　总是

5. 看到同事的情况，男的有什么担心？

年纪轻轻就　甚至　发展下去　走……的路

6. 专家最后给了男的什么建议？

既然……就……　首先　还有　这样就

三、根据课文，从以下四个方面分别复述“他”遇到的问题和专家的建议

“他”遇到的问题	专家的建议
女朋友的抱怨	对待女友的问题
他的身体状况	改变现状的方法
对运动的态度	对时间的看法
他的担心	对待生活的态度

四、完成对话

内容提示：一位男青年向 A 表白说喜欢她。因为这个男青年正在跟 A 最好的朋友谈恋爱，所以 A 不敢接受这个男青年的表白。可是 A 心里还是很喜欢这个男青年，她不知道怎么办好，所以来找另一位朋友 B 商量。

A：我遇到了一个大问题，不知道该怎么说。

B：有什么你尽管说吧。

A：……你说我该怎么办？

B：怎么说呢？你呢……

A：……

B：你明知……，为什么……呢？

……

第二部分

学一学　录音 49

口语表达

哪敢……啊　nǎ gǎn……a

翻译	to dare not...
解释	反问语气，不敢做某事。
例子	1. A：小明，明天出来玩儿吧，去新开的游戏厅，我请客。 B：我哪敢去啊，要是让老师知道那可不得了。 2. A：这个计划明明不可行，你们怎么都没有人说啊？ B：哪敢说啊，这是老板定的。 3. 我可了解她，她哪敢一个人去旅行啊！肯定是跟别人一起去的。

害得…… hài de……

翻译	to lead (sb.) to (a bad condition), to cause (sth. bad for sb.)
解释	给某人导致……后果。
例子	1. A：你明知道后天交作业也不告诉我一声，害得我昨天写了一晚上都没睡觉。 B：这你可不能怨我，谁叫你不去上课呢？ 2. 昨天雨下得这么大你还叫我一起去看电影，害得我被雨淋了，都感冒了。 3. 他把地址写错了，害得我们找了半天都没找到。

该……就 / 还…… gāi……jiù / hái……

翻译	to do whatever should be done (regardless of anything else)
解释	应该怎么做，就怎么做，不要受别的事的影响。
例子	1. 奖学金这个事儿不用争，该是你的就是你的。 2. A：是我把这个计划搞糟的，我很难过，吃不下饭。 B：该吃饭还得吃饭，计划的事再想办法吧。 3. A：万一实验不成功，又没有人来负责任，怎么办？ B：你们不用担心，责任该谁负就谁负。

生　词

1	头儿	tóur	（名）	boss, head, leader
2	一股脑儿	yìgǔnǎor	（副）	all, completely, entirely
3	丢（给）	diū（gěi）	（动）	to throw (sth. on sb.), to leave (sth. to sb.)
4	新人	xīnrén	（名）	newcomer
5	光	guāng	（副）	only, solely
6	垫	diàn	（动）	to pay for sb. and expect to be repaid later
7	零钱	língqián	（名）	small change

熟　语

1	呼来喝去 hū lái hè qù to order or boss around	大声喊叫别人，随意让别人做这做那。 例 1：A：小刘刚来，你就对人这么呼来喝去的，他不生气吗？ B：他才不会生气，我要是不理他，他才真生气呢。 例 2：你别对我呼来喝去的，你没权利这样对我。
2	说不出口 shuō bu chū kǒu to have no courage or feel embarrassed to say sth. out	形容有话不好意思说。 例 1：我真是没有生活费了，但是让我向父母要钱，我真说不出口。 例 2：不想借给他钱，就不借，这有什么说不出口的！

听一听

课　文　拒绝别人很难　录音 50

● 背景提示

当别人提出的请求你不愿意接受时，你会拒绝他吗？如果你自己被别人拒绝的话，你心里会有什么感受？让我们来听听下面两个人的心声。

一、听课文，判断正误

1. 男的工作再累，也不敢拒绝领导给的工作。（　　）
2. 男的的领导有意害他。（　　）
3. 女的有一个同事借她钱总不还。（　　）
4. 女的不好意思跟那位朋友说钱的事。（　　）
5. 男的认为不能为给别人留面子而使自己很累。（　　）

二、根据提示词语回答下列问题

1. 这位男士抱怨什么？

一股脑儿　忙不过来　害得

2. 他为什么不敢拒绝他的领导？

新人　哪敢

3. 这位女士跟她的朋友在一起有什么高兴的事和烦心事？

觉得开心　有个毛病　帮她垫钱　说不出口

4. 这两个人说的事情反映出一个什么问题？

好面子　活得很累

说一说

一、下面的事情中，哪个或哪些事情你说不出口？说一说你的想法。

不想借给朋友钱

喜欢一个人，想向她表白

不想接受领导安排的新工作

不想买推销的产品

二、根据所给情景和提示完成对话

王强刚进入一家银行工作，他的工作很让人羡慕，但是他工作得并不开心，原因是他的同事总是对他呼来喝去，他今天把心里的烦恼跟朋友讲了出来。

A：王强，你看起来精神不太好，没有生病吧？

B：______________________________。（怎么说呢）

A：怎么搞的？没去医院看看？

B：看了，医生说我是亚健康，让我多运动。

A：那你就听医生的话，多运动运动。

B：我自己知道不是运动的事。

A：那还有别的原因吗？

B：我……，嗐，都是些鸡毛蒜皮的小事，算了！

A：______________________________。（有什么……尽管……）

B：不是我斤斤计较，我觉得有的领导对待新职员很不友好。我们部门领导就比我早工作两年，他就认为可以对我呼来喝去。中午休息时，____________________________。（一股脑儿　害得）其实我也不是不愿意帮忙，可是我觉得他就是故意欺负人。

A：______________________________。（明知……，为什么……）

B：______________________________！（哪敢……啊）

A：有什么不敢的？你就应该对他说自己的事自己做。

B：______________________________。（说不出口）

A：可是如果你精神长期处于这种状态，也不是个事，______________________________。（走……的路）

三、小组活动

提示：有人遇到下面的情况，心里很烦，跟朋友抱怨。大家安慰他，并给他出主意。

1. 甲找到了一份工作，一边学习，一边打工，陪女友的时间少了，女朋友不理解他，最近总有些小争吵。

2. 乙工作很努力，希望得到老板和同事的赞扬，可是不但没得到赞扬，还经常被别人误会，他心里很委屈。

四、叙述练习

从下面三个人中选择一个，假设一下这是你自己的情况来完成讲述。

以前觉得进入大公司工作可以享受舒适的工作环境，与一流的企业打交道，来往的都是有素质、有品位的人，然而，……

小陈

小夏

自己是一个不太喜欢竞争的人，对职场上的一些事情看不惯……，所以希望……

小时候就觉得警察很神气，接到110报警就要出动，但是……

小赵

参考表达：无所不在　　算不上　　在意　　斤斤计较　　走……的路
一股脑儿　　害得我　　说不出口　　呼来喝去
好不容易　　该……就……

复习二

听力部分

一、听小对话，选择正确答案　录音 51

1. A. 女的骑自行车骑了一个小时
   B. 女的要去打球
   C. 男的和女的一起去打球
   D. 女的不希望男的去打球

2. A. 他晚餐不吃肉
   B. 今天一定要吃肉
   C. 胖瘦跟吃肉没关系
   D. 赞成女的说的话

3. A. 女的看过恐怖片
   B. 女的喜欢看恐怖片
   C. 女的不想看恐怖片了
   D. 女的怕看恐怖片

4. A. 春节前一周
   B. 春节后一周
   C. 春节
   D. 春节刚过

5. A. 女的最近忙着找工作
   B. 男的也在找工作
   C. 女的还有一年就毕业了
   D. 女的一年前就开始找工作了

6. A. 男的想租房
   B. 男的嫌房租贵
   C. 男的对房子很满意
   D. 房子的地点不错

7. A. 喜欢跑步
   B. 他想运动
   C. 他和朋友比赛
   D. 他怕上课迟到才跑步

8. A. 高兴
   B. 后悔
   C. 生气
   D. 开心

9. A. 女的同意男的说法
   B. 女的不想买衣服了
   C. 女的觉得衣服还不够
   D. 女的少一件衣服

10. A. 开车
   B. 走路
   C. 坐公交车
   D. 骑车

11. A. 男的反对大学生打工
   B. 男的支持大学生打工
   C. 女的支持大学生打工
   D. 女的反对大学生打工

12. A. 这件事由妈妈决定
   B. 男的不想去旅行
   C. 男的想去旅行
   D. 要全家商量决定

13. A. 爸爸喜欢加班
   B. 爸爸不喜欢加班
   C. 爸爸不加班不行
   D. 爸爸过一段时间还得加班

14. A. 穿什么都不好
   B. 穿什么都可以
   C. 穿相亲时穿的
   D. 不知道怎么穿

15. A. 开了一家公司
   B. 考研究生
   C. 找工作面试
   D. 去新公司工作

16. A. 女的喜欢买东西
   B. 丈夫陪着可能会少买东西
   C. 丈夫喜欢陪女的一起逛
   D. 丈夫不喜欢逛商场

17. A. 抱歉
   B. 抱怨
   C. 惊奇
   D. 满意

18. A. 辛苦
   B. 轻松
   C. 自在
   D. 像玩儿一样

19. A. 担心
   B. 紧张
   C. 放松
   D. 烦恼

20. A. 这是一种新的方式
   B. “拼族”生活很环保
   C. “拼族”生活现在很流行
   D. 女的是“拼车一族”

二、听短文，听后复述 录音 52

短文一：现代人的时髦生活

生词提示：

（1）内分泌：nèifēnmì, endocrine, internal secretion

（2）免疫力：miǎnyìlì, immunity against disease

表达提示：

不健康的生活方式

对人的影响

短文二：电视台的生财之道

表达提示：

电视节目的类型

节目吸引人的原因

这类节目的受益者

口语部分

一、用指定的表达式或词语完成对话

1. 男：老同学，今天给你打电话是想请你帮个忙。

女：________________。（有什么……尽管……）

男：我孩子最近不愿意和我们交谈，每天一回家就把自己关在房间里。________________。（害得……）

女：你们别太担心，这是青春期的正常反应。

男：你是这方面的专家，想请你有空儿和孩子谈谈。

女：好的，没问题。

2. 男：下周就要高考了，________________。（玩儿命）

女：是啊，________________________________。（吃不消）

男：________________________________。（就是）

女：要不我们晚上带孩子去看电影好好放松放松？

男：行。

3. 男：妈，这是您什么时候拍的照啊？

女：是刚上大学的时候，________________________________。（算得上）

男：那是，太漂亮了！您一定是学校的校花吧？

女：________________________________。（哪敢……啊）

男：我听我爸说过，那时追您的人可多了。

4. 男：这款手机很有人气，一上市很快就被抢光了。

女：________________________________。（好家伙）

男：那天五点我就到专卖店排队了。________________________________

________________！（谢天谢地）

女：你可真幸运，________________________________。（就好了）

5. 男：你这身材已经很棒了，为什么还想减肥？天天运动，搞得像运动员一样。

女：________________________________。（那又怎样）

男：我觉得只要健康就好，你不必太在乎别人的看法。________________________

________________________________。（V+过头）

女：我知道您担心我的身体，但这是我自己的事情，________________________

________________________________。（说了算）

6. 女：这部电影你觉得怎么样？

男：________________________________。（怎么说呢）

女：________________________________。（一句话）

男：不过，他们的宣传太厉害了。

女：是啊，________________________________。（满世界）

7. 女：国庆节去九寨沟的机票更贵了。

男：________________________________？（明知……，为什么……）

女：________________________________。（不得已）

男：是啊，你们平时上班那么忙，只有这个黄金周有空儿。

女：你们打算怎么过？

男：没什么打算，________________________________。（……就好了）

8. 女：上周有件事让我很高兴，我丢了手机。

男：________________________________？（这话怎么讲）

女：手机丢了以后，一个男生给我打电话，把手机给我送回来了。

男：________________________________。（就是说）

女：对，现在我们还保持着联系，除了感谢，我对他也挺有好感的。

男：那你还不赶快向他表白？

女：________________________________。（说不出口）

二、选择一个情景，两人或三人一组进行会话

要求：对话中应至少使用 5 ~ 6 个表达式。

1. 谈论偶像崇拜

情景：有人赞成偶像崇拜，因为偶像一般都是成功人士，把他们作为自己的榜样可以提升自己，使自己进步得更快。有人反对偶像崇拜，认为世界就像一个大舞台，这个舞台上什么角色的人都有，人生也是一样，每个人都应该有自己的特点，没有必要去复制别人。

语气：赞同、反对、反驳

2. 如何面对和缓解压力

情景：有人学习上有压力，有人工作上有压力，有人因为压力出现了亚健康。大家在一起谈论自己遇到压力时的困惑，交流减轻压力的经验。

语气：陈述、抱怨、反问、赞同

3. 谈谈你自己和父母观念的异同

情景：可以从下面几个方面来谈：找工作、交朋友、衣着打扮、生活习惯等。

语气：询问、不理解、反对

参考表达：这话怎么讲　就是说　吃不消　那是　好家伙　那又怎样
不得已　怎么说呢　明知……，为什么……　该……就……
哪敢………啊　谢天谢地　V＋过头　……就好了

9 问话道德

讨　论

1. 你认为道德是什么？道德在社会中起到什么样的作用？
2. 你认为大学应该教会学生赚钱吗？赚钱是不是成功者的标准？

第一部分

学一学　录音 53

口语表达

A 是 A，B 是 B　A shì A，B shì B

翻译	A is A, B is B/A is different from B
解释	表示 A 和 B 情况不同，应该区别开，分别对待。
例子	1. A：你跟他认识这么多年了，这点儿事他肯定会帮你的。 B：朋友是朋友，生意是生意，就算他能帮我，这事我也不能找他。 2. A：你怎么又想出国了？以前我让你去留学，你说什么也不去，现在怎么又想去了？ B：以前是以前，现在是现在。工作了两年，我发现还是需要提高一下知识水平。 3. A：花那么多时间跑出去看电影，值得吗？等以后在电视上看吧。 B：电影院是电影院，电视是电视，那效果能一样吗？

再……也有个……的时候 zài……yě yǒu ge……de shíhou

翻译	*indicating that a certain situation may occur despite what's been mentioned previously*
解释	不管怎么样，也有可能出现某种情况。
例子	1. A：对不起，对不起，因为我不小心，给您带来这么大的麻烦。 B：没事，没事，再能干的人也有个犯错的时候，这点儿小事不算什么，别放在心上。 2. A：真没想到他会输，这两年他参加乒乓球比赛就从来没输过。 B：比赛就是这样，实力再强，也有个输的时候。 3. 妈妈，求求你，别再做红烧肉了。再好吃的东西也有个吃够的时候啊，再吃两次，恐怕我就一辈子也不想吃它了。

A 也得 A，不 A 也得 A A yě děi A，bù A yě děi A

翻译	sth. must be done no matter what
解释	不管愿意不愿意，都得做这件事。也可以单说"不A也得A"。
例子	1. A：现在我家里事情比较多，我想……这次出差能不能不派我去？ B：你看看，公司现在还能让谁去？还有别人吗？这次啊，你是去也得去，不去也得去。 2. A：你还看足球啊？ B：没办法啊，我们家老李天天晚上要看，我是看也得看，不看也得看啊。 3. 老师说了，这个题目熟悉也得写，不熟悉也得写。

生 词

1	慎	shèn	（形）	cautious, careful, prudent
2	删除	shānchú	（动）	to delete
3	拍摄	pāishè	（动）	to take (a picture), to shoot (a video)
4	侵犯	qīnfàn	（动）	to violate, to infringe on
5	权	quán	（名）	right
6	万一	wànyī	（副）	in case, if by any chance
7	强迫	qiǎngpò	（动）	to force, to compel, to coerce
8	迫于	pòyú	（动）	to have to (do sth.) due to certain pressure
9	慎重	shènzhòng	（形）	cautious, careful, scrupulous

熟　语

顺理成章 shùnlǐ chéngzhāng (of a certain result) logical, coherent, well-founded	比喻某种情况自然会产生某种结果。 例 1：随着中国市场销量不断上升，我们公司把业务重点放在中国是顺理成章的事情。 例 2：老李已经在公司工作这么多年了，工作上也很有成绩，让他当经理是顺理成章的事嘛。

听一听

热　身

一、听小对话，选择正确答案　录音 54

1. A. 支持小赵的意见
   B. 不支持小赵的意见
   C. 老李不应该同意
   D. 老李做得对

2. A. 老人没有表示感谢
   B. 没人给老人让座
   C. 他给老人让了座
   D. 他没给老人让座

3. A. 小李能力比他强
   B. 这个项目应该小李负责
   C. 这个项目应该女的负责
   D. 他比小李有资格

4. A. 他想多抽点儿烟
   B. 医生让他多吃饭
   C. 他想少抽点儿烟
   D. 他不听医生的建议

5. A. 对他不满意
   B. 对他很重视
   C. 想培养他
   D. 不知道

6. A. 小李请大家吃了一顿饭
   B. 大家都知道小李得奖的消息
   C. 小李的情况有一些变化
   D. 小李不知道自己得奖的事儿

7. A. 他不想去近的地方旅行
   B. 他想带女儿去旅行
   C. 他不愿意拒绝妻子
   D. 他不愿意拒绝女儿

8. A. 他跟老婆吵了一架
   B. 他的妻子明天又要说话了
   C. 他的妻子不跟他说话了
   D. 他要跟妻子离婚了

二、下面你将听到一句话，听后请做出恰当的应答　录音 55

1. ________________（A 是 A，B 是 B）
2. ________________（A 是 A，B 是 B）
3. ________________（再……也有个……的时候）
4. ________________（再……也有个……的时候）
5. ________________（A 也得 A，不 A 也得 A）
6. ________________（A 也得 A，不 A 也得 A）

课文　慎用你的道德　录音 56

背景提示

最近有这样一件事。一个女孩儿在公交车上拒绝给老太太让座，被旁边的一位老大爷拍下四张照片，说是要将照片传到网上，女孩儿要求老伯把照片删除，被拒绝了。就这件事情，我们听听张律师的看法。

一、听课文，判断正误

1. 那个女孩儿不给老大爷让座，所以老大爷给她拍了照。（　）
2. 老大爷的行为是道德问题。（　）
3. 道德的存在是为了让每个人生活得更舒适。（　）
4. 对这个新闻，大家最关注的是应该不应该让座。（　）
5. 老人让女孩儿让座是顺理成章的事。（　）
6. 即使道德的出发点是正当的，也应该尊重对方的行为。（　）
7. 如果每天都有人提醒什么是道德，那么道德就成了一把剑，可能会伤害到别人。（　）

二、根据提示词语回答下列问题

1. 最近发生了一件什么事？

拒绝　拍照　删除

2. 律师对那个女孩儿的行为怎么看？

道德　行为　规定

3. 律师对那个老大爷的行为怎么看？

随意　侵犯　有权　A 是 A，B 是 B

4. 律师说的“强迫性的道德”指的是什么？

提醒　像一把剑　迫于无奈　A 也得 A，不 A 也得 A

三、根据提示词语说说律师对这件事情的看法

道德是道德，法律是法律　顺理成章　万一
再……也有个……的时候　不幸的是　迫于无奈
让也得让，不让也得让　慎重

四、讨论

1. 在你们国家，年轻人尊重老年人是怎么体现的？
2. 在一个社会中，讲道德的行为体现在哪些方面？

第二部分

学一学　录音 57

口语表达

站在……这边　zhàn zài……zhè biān

翻译	表示支持某人的意见或支持某种意见、某种事物。
解释	to take sb.'s side, to support sb. or sth.
例子	1. A：这个计划能不能通过，就看今天开会的结果了。 B：放心吧，我们都站在你这边。 2. A：你到底在帮谁啊？你是谁的朋友啊？ B：我只是站在真理这边，谁是对的我就支持谁。 3. 你们都不要跟我讲了，我哪边都不会站。

话是这么说，可是……　huà shì zhème shuō，kěshì……

翻译	that being said, despite that
解释	表示对方的话虽然有道理，但实际情况却不一定是这样。
例子	1. A：你就放心吧，小明这么努力，一定没问题的。 B：话是这么说，可是考场上的事情，谁知道会怎么样呢！ 2. A：孩子嘛，应该让他出去锻炼锻炼，总有一天他得自己独立生活不是？ B：话是这么说，可他一个人跑那么远，我这当妈的心里啊…… 3. A：应该尽量少用电脑，用时间长了会损害健康。 B：话是这么说，可是我们做办公室工作的，哪离得开电脑啊？

生　词

1	火	huǒ	（形）	popular, fashionable
2	学术	xuéshù	（名）	learning, science
3	相干	xiānggān	（动）	to be related to, to be concerned with
4	激励	jīlì	（动）	to urge, to encourage, to impel, to inspire
5	贡献	gòngxiàn	（名、动）	contribution; to contribute
6	回避	huíbì	（动）	to avoid, to evade, to keep away from
7	房地产	fángdìchǎn	（名）	real estate, real property
8	年薪	niánxīn	（名）	annual salary, annual pay

熟　语

一事无成
yíshì wúchéng
to accomplish nothing, to have no achievement

连一件事情也没有做成，形容毫无成就。

例 1：我都已经三十多岁的人了，还是一事无成，真是失败啊！

例 2：我在北京待了一个月，一事无成，这样回去，真是没办法向老板交代啊！

听一听

课　文　“四千万”教授　录音 58

背景提示

最近有一位董教授在网络上非常火。这位教授对自己的研究生提出一个要求，这个要求就是：“当你 40 岁时，如果没有四千万财产，你不要来见我，也别说是我的学生。”我们看到在互联网上，有七成网友是批评的，也有不到三成的人是站在董教授这边的。

一、听课文，选择正确答案

1. A. 有 30% 多的人支持他
   B. 有 70% 的人不支持他
   C. 有两成人支持他
   D. 有两种人支持他

2. A. 董教授的观点合情合理
   B. 老师只负责教学术研究能力
   C. 赚钱多，对社会的贡献也多
   D. 董教授的话是为了激励学生

3. A. 有 4000 万财产不一定就是成功
   B. 房地产课的老师不负责价值观教育
   C. 老师不能把赚钱作为价值观教给学生
   D. 赚钱不是成功的唯一标准

4. A. 大学毕业五年以后的年薪应该达到六位数
   B. 赚钱是浪费大学的教育
   C. 赚不到六位数年薪就是浪费大学教育
   D. 只知道赚钱是浪费大学教育

二、根据提示词语回答下列问题

1. 董教授对学生提出了什么要求？

40 岁　财产

2. 网友们对这句话有什么看法？

站在……这边

3. 男的对这句话有什么看法？

合情合理　激励　回避

4. 女的对这句话有什么看法？

除了……以外　不相干　标准　价值观

三、读一读下面的句子，说说它们的语气

1. 这个只是对学生的一种激励，给学生一个目标嘛。
2. 就算你有 4000 万财产，其他方面一事无成，那也不能算是成功的人。
3. 可是你要注意，董教授的专业是房地产。
4. 话是这么说，但是不管是哪个学校，都要教学生赚钱嘛。
5. 如果学生不能学会赚钱，那对社会也谈不上贡献，上大学又有什么用呢？

四、说说你对董教授这句话的看法

说一说

一、根据所给情景和提示完成对话

A：在中国的传统教育中，道德教育一直是放在第一位的。可是整个社会就业压力、升学压力越来越大，这么一来，大家都重视知识教育，而忽视了道德教育。

B：我觉得不管是什么时候，道德教育都比知识教育更重要。知识水平再高，如果道德出了问题，他能带给这个社会什么呢？

A：______________________________。（话是这么说，可是……）

B：学生的价值观还不成熟，这段时间他们在学校接受教育，学校有义务告诉他们什么是对的，什么是错的，这是最重要的。

A：学校是应该告诉学生什么是对的，什么是错的，可是在商品经济的社会环境下，单纯的道德教育未必有用。

B：当然有用啊！学生就像一张白纸，你在上面画了什么，他表现出来的就是什么。没有正确的价值观，他就会走上错的路。

A：照你这么说，学历水平越高的人，道德就越高尚吗？

B：不，______________________________。（A 是 A，B 是 B）但是，这不能成为学校忽视道德教育的借口。知识教育和道德教育比起来，我还是____。（站在……这边）

二、辩论

法律和道德的关系十分密切，二者既有联系，又有区别。随着现代社会的发展，法律制度越来越完善，道德的作用似乎越来越小。那么，你认为在现代社会中，道德与法律哪个更重要？

辩论题目：现代社会中道德重要还是法律重要？
正方：现代社会中道德比法律重要
反方：现代社会中法律比道德重要
参考表达：A是A，B是B　话是这么说，可是……　站在……这边

10 社会聚焦

讨 论

热心帮助别人有时会被误解，你遇到过这种情况吗？你会主动帮助陌生人吗？

第一部分

学一学 录音 59

口语表达

且不说……，就说……吧 qiě bù shuō……，jiù shuō……ba

翻译	Let's put aside..., just talk about...
解释	A 可以不提，只说 B 吧，更不用说。后一小句可以省略。
例子	1. 这个学校的条件很不好。且不说运动场太小，就说教室的桌椅吧，也大多是旧的。 2. 你说你怎么没礼貌了？且不说对老人说话不说“您”，就说上电梯吧，总是抢着第一个上，这还不是没礼貌吗？ 3. A：你选择去这个城市工作的原因是什么？ B：且不说那儿离父母近，就说它的气候吧，也是别的地方比不了的。

哪怕……也（好 / 行） nǎpà……yě（hǎo / xíng）

翻译	even if...
解释	即使……也……
例子	1. 饿死我了，谁有吃的？哪怕一块糖也好。 2. A：老板，我现在必须回家，家里真的有急事儿。 B：不行，哪怕再大的事，也得加完班才能走。 3. 要是真能治好这个病，哪怕把房子卖了我也愿意。

像…… xiàng……

翻译	such as, for example
解释	举例说明的意思。
例子	1. 哈尔滨有很多不错的滑雪场，像亚布力滑雪场，它还是中国滑雪队的训练场呢。 2. 在北京度周末有很多选择，像去北京郊区农家院就是一个不错的选择。在那里既可以品尝农家饭，还可以呼吸清新的空气。 3. 每个人有每个人适合的运动。像我吧，就适合游泳，打球、跑步对我都不合适。

生　词

1	医疗	yīliáo	（动）	to give medical treatment
2	协作	xiézuò	（动）	to cooperate, to collaborate
3	福分	fúfèn	（名）	good luck, happy lot
4	遭殃	zāo yāng		to suffer disaster
5	护工	hùgōng	（名）	nursing worker
6	孝（顺）	xiào (shùn)	（动）	to show filial piety
7	家属	jiāshǔ	（名）	family member
8	保障	bǎozhàng	（名）	assurance, guarantee
9	体系	tǐxì	（名）	system
10	人情味儿	rénqíngwèir	（名）	empathy, human kindness

熟语

1	养儿防老 yǎng ér fáng lǎo to bring up children to provide against old age	养育孩子就是为了老了以后有人照顾。 例 1：以前都说养儿防老，这种说法现在不流行了。因为孩子大了以后，他们有选择自己工作和生活的自由，我们应该支持他们。 例 2：以前说养儿防老，我看现在啊，是养儿啃老。
2	说不过去 shuō bu guòqù cannot be justified or explained away	不像话，做得不对。 例 1：我不在宿舍的时候，他乱翻我的东西，这太说不过去了！ 例 2：有什么说不过去的？你不是突然有事才走的吗？她会理解的。

听一听

热身

一、听小对话，选择正确答案　录音 60

1. A. 妈妈好多了，可以不陪了
   B. 女的担心妈妈不高兴
   C. 他们没钱请护工
   D. 女的认为男的不关心她妈

2. A. 不赞成
   B. 赞成
   C. 商量
   D. 无奈

3. A. 男的教了女的十遍
   B. 女的怎么也学不会
   C. 男的没耐心教女的
   D. 女的不是好学生

4. A. 同事之间应该互相帮助
   B. 自己部门工作太差了
   C. 他有困难没人帮他
   D. 他们现在这样很好

5. A. 怀疑
   B. 惊讶
   C. 赞成
   D. 不满

6. A. 咖啡和茶
   B. 咖啡和牛奶
   C. 牛奶和白开水
   D. 可乐和果汁

7. A. 反对买画儿
   B. 赞成买画儿
   C. 让男的决定
   D. 不知道怎么做

8. A. 女的跟父母不在同一城市
   B. 女的是独生女
   C. 女的一个月要回三次上海
   D. 女的要在爸爸身边照顾他

二、下面你将听到一句话，听后请做出恰当的应答　录音 61

1. ________________________（且不说……，就说……吧）
2. ________________________（且不说……，就说……吧）
3. ________________________（哪怕就是……也……）
4. ________________________（哪怕就是……也……）
5. ________________________（像……）
6. ________________________（像……）

课　文　谁来给父母养老　录音 62

背景提示

如果你家的老人住院治疗，你会陪在他身边照顾他吗？医院会要求病人家属陪伴吗？在中国，子女一般会尽量陪在老人身边，而医院也会提出这样的要求的，你知道这是为什么吗？

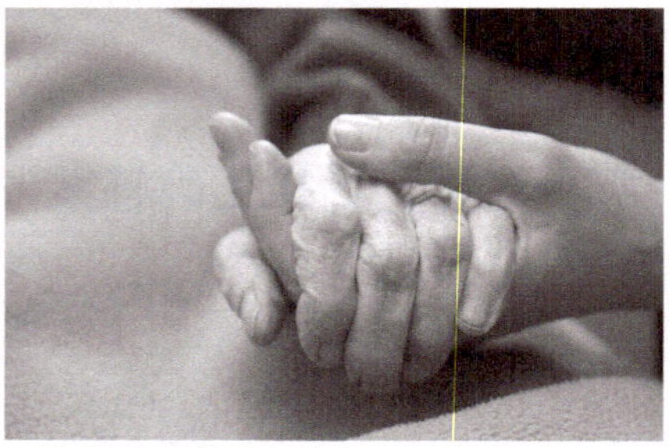

一、听课文，选择正确答案

1. A. 好医院
   B. 一般的医院
   C. 所有的医院
   D. 较差的医院

2. A. 是子女孝顺的结果
   B. 子女可以轻松地生活
   C. 子女得照顾老人
   D. 子女要有麻烦了

3. A. 儿女和护工一起照顾
   B. 在医院陪伴老人
   C. 始终陪在老人身边
   D. 送老人去养老院

4. A. 以免增加子女养老负担
   B. 省下钱来以后养老用
   C. 生孩子没有用
   D. 现在有养老体系保障

二、根据提示词语回答下列问题

1. 怎么理解如果家里老人生病了，家里人就要遭殃了？

比如　可以……，可是……

2. 哪些做法在中国人看来是不近人情的？

关键时刻　说不过去

3. 对于养老院，中国人和美国人的看法有什么不同？

建议　从技术上讲　子女　在……来看　这一套

4. 独生子女将来会面临什么问题？

不可能　靠　干脆　省得

三、以下内容让你感触最深的是什么？说一说你的想法。

病人家属在治疗上跟医院协作
病人家属在医院亲自照顾病人
子女不在生病的父母身边守候
独生子女怕生小孩儿

第二部分

学一学 录音 63

口语表达

不V白不V bù V bái bù V

翻译	it wouldn't hurt to grab the chance of benefit
解释	表示应该抓住机会让自己得到好处。
例子	1. A：周末我想休息休息，公司的聚会我就不去了。 B：别啊，老板请客，不去白不去。 2. A：你真厉害，敢跟老板提意见，我们都不敢说。 B：嗐，好不容易见到老板，不说白不说。 3. 你现在在中国工作，有机会应该学一点儿汉语，这么好的机会，不学白不学。

V还是要V（的） V háishi yào V（de）

翻译	(*in a soft tone*) in any case one should do sth.
解释	表示某件事应该做或者必须做，语气比较委婉。常用在转折复句中，在表示必须做这件事的情况下，提出补充意见或条件。
例子	1. A：今天加班这么晚才回来，明天就不要去公司了，在家好好休息一天吧。 B：去还是要去的，不过可以晚一点儿去，早上多睡一会儿。 2. A：老师，最近我们太忙，作文能不能不写？ B：写还是要写的。你们太忙的话，就晚一点儿交吧。 3. A：你要是太累啊，就不要再学了，别累坏了。 B：学还是要学的，不过我想休息几天再说。

生　词

1	搭	dā	（动）	to take (a bus, taxi, etc.)
2	顺风车	shùnfēng chē		free ride
3	不见得	bújiàndé	（副）	not likely, not necessarily
4	拦	lán	（动）	to block, to hold back
5	技巧	jìqiǎo	（名）	technique, skill
6	姿态	zītài	（名）	attitude, pose, profile
7	顺路	shùnlù	（副、形）	on the way; being a direct route
8	黑车	hēichē	（名）	illegal cab
9	固定	gùdìng	（动）	to be fixed, to be regular
10	恶意	èyì	（名）	malevolence, evil intention
11	收获	shōuhuò	（名、动）	results, gains; to gather (a crop), to harvest, to reap
12	闷	mèn	（形）	bored, depressed
13	路程	lùchéng	（名）	journey, route
14	名片	míngpiàn	（名）	business card

熟　语

十有八九
shí yǒu bā jiǔ
eight or nine out of ten—1. mostly; 2. most probably

1. 表示大多数。
例 1：我们班的学生十有八九都是第一次接触汉语。
例 2：这些书十有八九都是新的，我根本没看过。
2. 表示很可能、大概。
例 1：堵成这样，今天十有八九得迟到了。
例 2：他现在还没来，十有八九是睡过头了。

听一听

课文　你搭过顺风车吗　录音64

● **背景提示**

你搭过顺风车吗？如果你正在等公共汽车，有辆奔驰车突然停在你面前，问你要不要搭车，你会怎么想呢？高兴？怀疑？奇怪？你敢上他的车吗？今天我们给您介绍的这位，是一个公司老板，他上下班时总会主动请人搭他的车。这些年，已经有好几千人坐过他的车了。

一、听课文，选择正确答案

1. A. 学生
   B. 老人
   C. 一家人
   D. 单身女孩儿

2. A. 很多人搭他的车
   B. 没有人搭他的车
   C. 搭车的人很少
   D. 只有认识的人搭

3. A. 在欧美国家搭车是很常见的
   B. 在中国农村很少有人搭车
   C. 在中国的大城市搭车的人很多
   D. 在农村不认识的人不会搭车

4. A. 告诉对方这是自己的车
   B. 告诉对方不收钱
   C. 问对方要去什么地方
   D. 告诉对方这是奔驰车

5. A. 司机们都不愿意让别人搭车
   B. 很多司机愿意让别人搭车
   C. 很多司机希望搭车的人付点儿钱
   D. 很多司机不注意安全问题

6. A. 他不担心安全问题
   B. 他觉得只要注意就不会有大问题
   C. 他觉得谁都不会有恶意
   D. 他非常担心安全问题

7. A. 他想认识更多的人
   B. 他希望开车时不那么无聊
   C. 他想跟别人聊天儿
   D. 他希望人和人之间能互相信任

二、根据提示词语回答下列问题

1. 王先生是什么人？他做了一件什么事？

老板　搭车

2. 他会选择什么样的人搭车？

一般　这样的　或者……的

3. 他刚开始请人搭车的时候情况怎么样？为什么？

不见得　一个是　二是

4. 王先生请人搭车有什么技巧？

放低姿态　不V白不V　不问　告诉

5. 怎样保证司机的安全？

固定场所　而且　恶意

6. 王先生为什么要请人搭车？

闷　时间过得快　最主要的是

三、根据提示词语讲一讲王先生的经历

闷　信任　十有八九　放低姿态　不V白不V　固定场所　安全

说一说

一、根据所给情景和提示完成对话

一些孩子因为家里穷上不了学，很多人就捐款帮助他们。小丽就帮助了两个农村孩子，每学期给他们寄钱。两年过去了，只有在第一次寄钱的时候，孩子给她写过一封信，以后就再没有孩子的消息了。她有点儿不开心。她和朋友小林谈起这件事。

小丽：我给他们寄钱，他们竟然一点儿消息都没有。

小林：我能理解你的想法，这些孩子＿＿＿＿＿＿＿＿。（哪怕……也好）

小丽：是啊。

小林：那你还准备继续帮助他们吗？

小丽：不管怎么样，＿＿＿＿＿＿＿＿。（V还是要V的）

小林：这就是了，我们帮助别人，对我们来说，也是一种幸福，不是吗？

小丽：这倒是，帮助别人是一件开心的事，＿＿＿＿＿＿＿＿。（就像我吧，……）

小林：你帮助了他们，就已经完成了你自己的心愿，这就够了，＿＿＿＿＿＿。（不见得）

小丽：你说得对，自己开心就好了，不需要去管别人怎么做。

二、辩论

将两种养育子女的认识和态度做个对比，说明两种家庭关系的优缺点。以下观点可供参考：

正方	反方
生儿育女是为传宗接代	生儿育女是为社会尽义务
养儿防老	父母教育子女应不图回报
孩子应该回报父母	儿女成年以后已不属于这个家庭

父母年纪大了应该住在孩子家
家庭有矛盾时父亲说了算
家庭中人情味浓一点儿好
三代同住好
……

儿女是独立的个体，要对自己负责
应该理性地处理家庭矛盾
小家庭好
独立生活好
……

参考表达：且不说……，就说……吧　　哪怕……就是……也……
像　　V还是要V的

三、介绍一下你的家庭、你和父母的关系

11 投资理财

讨论

随着金融产品的丰富，投资的渠道越来越多，可选择的投资方式也越来越多，但并不是每个人都善于投资，不一定每个人都能从投资中获益。投资需要什么？

你认为自己的理财能力怎么样？

第一部分

学一学　录音 65

口语表达

回过头去看　huí guo tóu qu kàn

翻译	to recall the past, to call to mind
解释	回想起过去所做的事，觉得……。对过去发生的事情进行反思。
例子	1. A：当时你要办公司时，大家都反对，认为你不适合做生意，没想到你竟然成功了。 B：是啊，大家说的也不是没道理。现在回过头去看，我刚开始办公司时确实不知道怎么干，走了不少弯路。 2. 我也觉得上次滑雪真的是太冒险了，现在回过头去看，都不相信自己胆子怎么这么大。 3. 回过头去看，我们都明白当初犯的错误是多么可笑，但是在开始做事情的时候，谁都很难预料结果会怎么样。

生　词

1	股票	gǔpiào	（名）	share certificate, stock
2	福利	fúlì	（名）	welfare, material benefits
3	凑	còu	（动）	to gather together, to pool, to collect
4	古玩	gǔwán	（名）	antique, curio
5	淘宝	táo bǎo		to seek for treasure
6	手笔	shǒubǐ	（名）	style (in doing sth. or spending money)
7	积蓄	jīxù	（名、动）	savings; to save, to accumulate
8	收藏	shōucáng	（动）	to collect and store up
9	翻番	fān fān		to increase by a specified number of times
10	炒股	chǎo gǔ		to speculate in stocks
11	恰恰	qiàqià	（副）	just, exactly
12	熊市	xióngshì	（名）	bear market
13	缩水	suō shuǐ		to shrink, to devalue
14	割肉	gē ròu		to sell at a loss

专有名词

琉璃厂	Liúlichǎng	Liulichang, a well-known cultural street in Beijing where many antique shops are located
潘家园	Pānjiāyuán	Panjiayuan, a place in Beijing famous for its antique market
沈阳道	Shěnyáng Dào	Shenyangdao, a street in Tianjin where antiques are sold
宋代	Sòngdài	Song Dynasty (960-1279)
清代	Qīngdài	Qing Dynasty (1644-1911)

熟　语

1 误打误撞 wùdǎ wùzhuàng accidentally, by chance	并非有意安排的，不是计划内的，有侥幸的意思。 例 1：我当时应聘时并没想来这家公司，在办公室门外跟他们的一个招聘人员随便聊天儿，他让我去他们公司试试，我就误打误撞进来了。 例 2：我觉得王南的实力没有对方强，他能得第一，完全是误打误撞的。
2 不要把鸡蛋放在一个篮子里 búyào bǎ jīdàn fàng zài yí ge lánzi li don't put all the eggs in one basket—to diversify in order to reduce risk	比喻分散风险。 例 1：你别把钱都买成股票，万一赔了就都完了。最好把一部分钱存到银行里，俗话说："不要把鸡蛋放在一个篮子里。" 例 2：A：你说"不要把鸡蛋放在一个篮子里"，可是现在股市这么好，还有什么比炒股更好的吗？ B：利益越大，风险也越大。真要是赔了，你就什么都没了。
3 尝到甜头 chángdào tiántou to become aware of the benefits of sth., to come to know the good of sth.	从某事中受益。相反的意思是"吃苦头"，指从某事中遭受痛苦或磨难。 例 1：最近小王总是借口身体不好不承担重活，其实他根本没病。你可不能让他尝到甜头，一听他说身体不好，就不让他干重活。 例 2：A：那天他们给你美容体验券时我就告诉你体验的产品不可靠，不要去，你就不听。怎么样，吃苦头了吧？ B：我想产品可能不好，但也不至于有害，谁知道他们心这么黑。

注释：

1. 青花瓷：blue and white porcelain
2. 福利分房：welfare-oriented public housing system

听一听

一、听小对话，选择正确答案 录音 66

1. A. 对话的这两个人是恋人
   B. 女的因车祸认识了她爱人
   C. 女的告诉男的她受伤的经历
   D. 男的想认识女人的爱人

2. A. 他们都不知道是哪家公司
   B. 男的不知道是哪家公司
   C. 男的很喜欢那个广告
   D. 男的知道公司名，只是没说出来

3. A. 她喜欢网购
   B. 她网购上当了
   C. 她淘到了好东西
   D. 她不后悔

4. A. 男的没买什么贵东西
   B. 男的是收藏家
   C. 男的喜欢打闹
   D. 男的没钱买东西

5. A. 男的不赞成炒股
   B. 女的炒股发了财
   C. 女的很会炒股
   D. 他们半年没见了

6. A. 他不喜欢陪妻子孩子
   B. 他喜欢跑步
   C. 他的爱好是逛旧货市场
   D. 他跟妻子关系不好

7. A. 男的认为自己的收藏不算好
   B. 他们正在看集邮展览
   C. 女的给别人讲解邮票
   D. 男的很舍得花钱买邮票

8. A. 农民种粮得到了好处
   B. 政府鼓励农民进城打工
   C. 农民更喜欢到城市打工
   D. 大家认为政府应多奖励农民

二、下面你将听到一句话，听后请做出恰当的应答 录音 67

1. ________________________________（回过头去看）
2. ________________________________（回过头去看）
3. ________________________________（误打误撞）
4. ________________________________（尝到甜头）
5. ________________________________（吃苦头）

课文　玩玩乐乐也生财　录音 68

旧货市场

地摊

古代绘画作品

古代瓷器

● 背景提示

你有什么爱好？如果爱好能带来财富是不是一件很好的事？下面我们就来听听这个人的经历。

一、听课文，判断正误

1. 作者的三次投资先后是瓷器、股票和商品房。　(　　)
2. 作者买房子的时候已经有很多积蓄了。　(　　)
3. 作者提到的几个古玩市场中，潘家园市场是最晚的。　(　　)
4. 作者提到的古玩市场都是北京的。　(　　)
5. 作者也会为买古玩省钱。　(　　)
6. 作者并不太懂投资。　(　　)
7. 作者炒股票没赔过钱。　(　　)

二、根据提示词语回答下列问题

1. 作者是怎样买下现在住的房子的？

回过头去看　误打误撞　没意识　凑够　买下

2. 作者提到了哪些古玩市场？它们各自有什么特点？

除了……　比较大一点儿的有……　是后来的
都比不上……，那里……

3. 作者是怎么评价当时的古玩市场的？他自己是怎么做的？

跟现在比是……　但是对于……来说　不吃不喝　实力不行
出手　大手笔

4. 作者买的瓷器怎么样？他买瓷器时的考虑是什么？

宋代的　清康熙的　没考虑　价值翻番

5. “把鸡蛋都放在一个篮子里”的投资理念给作者带来了什么？

带来……收益　尝到甜头　股票市值缩水

三、你能说出下面的图代表什么意思吗？关于它们，你知道些什么？

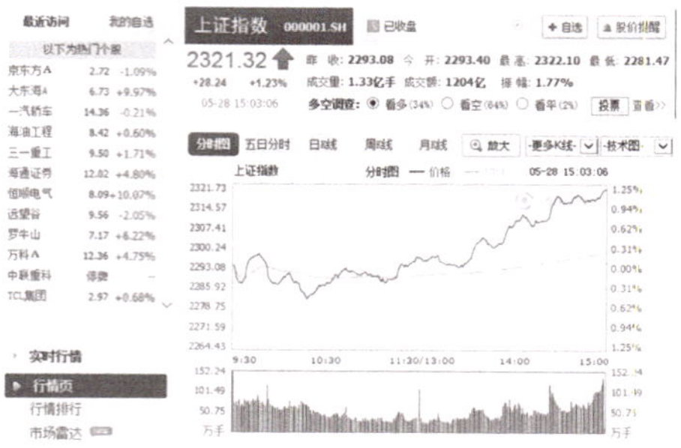

小贴士：投资理财常用语

买入　卖出　分红　股民　上涨　下跌　持仓

银行　账户　活期　定期　利息　存（款）单

基金　申购　赎回

四、谈谈你对投资的看法

第二部分

学一学 录音 69

口语表达

哪……不（没）……　nǎ……bù（méi）……

翻译	every...is..., there is no exception
解释	每一个人或事都不例外。肯定的语气。
例子	1. 上下班时哪趟地铁上的人不是挤得满满的？ 2. A：我好不容易求你帮一次忙，你还拒绝我，你真不够朋友！ B：你怎么能这么说？你哪次让我帮忙我没帮你？ 3. A：妈，您别劝我了，我不想上大学。 B：不上大学还行？你看看你周围，哪个孩子不上大学？

即便……也／至少……　jíbiàn……yě / zhìshǎo……

翻译	even if...still/at least...
解释	即使的意思。表示一种假设的情况。
例子	1. 炒股票太复杂了，即便有人教我，我也学不会。 2. A：咱们叫麦克一起去逛潘家园吧。 B：估计他没时间，即便有时间，他对去这种地方也不会感兴趣。 3. A：我们想，你对爬山不感兴趣，所以就没叫你。 B：即便我不去，你们至少也该问问我啊！

生词

1	财商	cáishāng	（名）	financial intelligence quotient (FQ)
2	智商	zhìshāng	（名）	intelligence quotient (IQ)
3	情商	qíngshāng	（名）	emotional intelligence quotient (EQ)
4	未必	wèibì	（副）	may not, not necessarily
5	基金	jījīn	（名）	fund
6	理财	lǐ cái		to manage money matters
7	结余	jiéyú	（名、动）	cash surplus, balance
8	存折	cúnzhé	（名）	deposit book, bankbook
9	通货膨胀	tōnghuò péngzhàng		(of currency) inflation

熟语

1 一窍不通
yíqiào bùtōng
to know nothing about, to be completely ignorant of

比喻什么都不懂。

例 1：老王你别跟我讲股票的事，我对股票一窍不通。

例 2：我对唱歌一窍不通，算了，我不跟你们去了。

2 积少成多
jī shǎo chéng duō
to accumulate little by little, to amass gradually

把一点点小东西积累起来，慢慢就能变成很大的数量。

例 1：经验是工作中慢慢积累起来的，别担心，积少成多嘛。

例 2：A：什么，你留这些参观门票是要搞一个专题介绍？那什么时候才能攒够啊。

B：不着急，积少成多，攒得多了，我就可以做了。

听一听

课文　你的财商怎么样　录音 70

● **背景提示**

智商、情商和财商你听说过哪个？每个人的能力都不一样，你这些方面的得分怎么样？

一、听课文，选择正确答案

1. A. 智商很高
   B. 情商很高
   C. 财商不错
   D. 智商和情商都很高

2. A. 财富知识
   B. 财富机会
   C. 财富态度
   D. 财富性格

3. A. 保证生活质量
   B. 她有剩余的钱
   C. 她比别人穷
   D. 她应该学习

二、听课文，完成下面的对话

迈克：玛丽，你一定……
玛丽：……，我这两项还……
迈克：你先别……，……未必……
玛丽：你别说……
迈克：你每月的……，除了……，总会……
玛丽：嗐，除去……，也剩不了……
迈克：这你就错了。……不在……，即便……，至少……

三、说一说你每月的生活开支情况以及你怎么处理结余

说一说

一、根据所给情景和提示完成对话

A：王楠，你又有快递了，最近你好像常常网购啊。

B：是的。我在淘宝网上发现了一家电器网店，挺不错的。

A：你是怎么发现的这家店？有朋友介绍吗？

B：________________________________。（误打误撞）

A：你在这家店买过什么？

B：我买了好几件呢。有电饭煲、电吹风，对了，还买过一台彩电。

A：连彩电你都敢在网上买？质量可靠吗？

B：你别说，这台彩电我用了一年多了，从来没出过问题。

A：所以，________________________________。（尝到甜头）

B：没错。我又看好了这家店的一款照相机，要一万多，等凑够了钱，就准备出手了。网购的东西又便宜又好，你也试试吧。

A：我看，我还是算了吧，我在电脑这方面比较差。

B：________________________________。（即便……至少……）

A：我也很少上网。

B：那什么时候我教教你吧。

二、小组讨论

有人说让孩子通过自己的努力买自己想要的东西，他就不会乱花钱，可以改掉冲动购物的坏习惯。还有人建议可以让孩子做一个“账本”，一段时间后，让孩子统计一下，如果花得不合理，父母可以让孩子自己调整。你对此怎么看？你小的时候父母对你有没有理财方面的教育？

参考表达：一窍不通　　尝到甜头　　吃苦头　　你还别说
即便……也……　　积少成多
把鸡蛋放在一个篮子里

12 风土人情

讨论

你对中国的春节和其他节日有多少了解？你所了解的中国的节日跟你们国家的节日在习俗和饮食方面有什么不同？

第一部分

学一学　录音 71

口语表达

还不如　hái bùrú

翻译	not as good as, inferior to
解释	A 还不如 B，表示 B 比 A 更好。
例子	1. 我们还不如去小商品市场买，那儿的东西又多又便宜。 2. 去电影院看电影还不如买张碟在家看呢。 3. 都说这里天气好，我看还不如北京呢。

说得一点儿不错　shuō de yìdiǎnr búcuò

翻译	you are completely right/absolutely
解释	表示赞同。
例子	1. A：看来老板又要让我们加班了。 B：说得一点儿不错。每次请我们聚餐之后就开始布置任务了。 2. A：这里不适合开饭馆，因为附近没有停车场。 B：说得一点儿不错。之前开过两家，后来都关门了。 3. 你说得一点儿不错，现在很多年轻人都得了老年病。

不然的话　bùrán dehuà

翻译	otherwise
解释	如果不这样做的话。
例子	1. 快走吧，不然的话，就该迟到了。 2. 今天必须准备考试，不然的话，就没时间了。 3. 坐火车去在路上的时间太长了，不然的话，我早就订火车票了。

生　词

1	赞成	zànchéng	（动）	to approve, to agree
2	年味儿	nián wèir		ambience/festivity of the New Year
3	鞭炮	biānpào	（名）	firecrackers
4	团圆饭	tuányuánfàn	（名）	reunion dinner
5	吉祥	jíxiáng	（形）	auspicious
6	元宝	yuánbǎo	（名）	shoe-shaped gold or silver ingot
7	财富	cáifù	（名）	wealth
8	扫帚	sàozhou	（名）	broom
9	禁忌	jìnjì	（名、动）	taboo; to avoid
10	客套	kètào	（名、动）	polite formulas, civilities; to exchange courtesies

熟　语

1	欢聚一堂 huānjù yì táng to gather together happily	欢乐地聚集在一起。 例 1：毕业了十年的同学今天在母校欢聚一堂。 例 2：一家人欢聚一堂，一起过春节。
2	装饰一新 zhuāngshì yì xīn to seem new after redecoration	装饰得好像新的一样。 例 1：每年春天，他都要把房子装饰一新。 例 2：装饰一新的教学楼，看起来非常明亮。
3	千篇一律 qiānpiān yílǜ stereotyped, repetitious, monotonous	重复或者无变化。 例 1：那些文章千篇一律，没有什么新的内容。 例 2：你能不能说点儿新鲜内容？每天都是千篇一律的，我们都听烦了。

听一听

热身

一、听小对话，选择正确答案　录音 72

1. A. 学校门口
   B. 食堂
   C. 图书馆
   D. 咖啡馆

2. A. 在大城市过年没意思
   B. 在老家过年很热闹
   C. 男的不喜欢喝酒
   D. 男的喜欢在老家过年

3. A. 女的和妹妹相差三岁
   B. 男的和弟弟相差五岁
   C. 女的和妹妹学不同的语言
   D. 男的和弟弟喜欢同样的音乐

4. A. 男的觉得放鞭炮热闹
   B. 女的觉得放电子鞭炮好
   C. 女的认为放鞭炮会污染空气
   D. 女的喜欢放鞭炮

5. A. 电视节目
   B. 电影
   C. 节日
   D. 地方

6. A. 高兴
   B. 平静
   C. 生气
   D. 满意

7. A. 体检
   B. 买房子
   C. 借钱
   D. 做手术

8. A. 准备比赛
   B. 明年参赛
   C. 好好休息
   D. 参加训练

二、下面你将听到一句话，听后请做出恰当的应答　录音 73

1. ________________________________（还不如）
2. ________________________________（还不如）
3. ________________________________（说得一点儿不错）
4. ________________________________（说得一点儿不错）
5. ________________________________（不然的话）
6. ________________________________（不然的话）

课 文　过春节　录音 74

背景提示

在你们国家，最重要的节日是什么？你知道在中国，最热闹的节日是什么吗？人们是怎么庆祝的？在这个节日里哪些事情是不可以做的？

如果你很长时间没回家，回到故乡，父母会和你说什么？你们会一起做什么？

一、听课文，判断正误

1. 女的赞成过年去旅行。（　　）
2. 以前刚过完元旦，人们就开始准备过年。（　　）
3. 春节讲究吃，不讲究穿。（　　）
4. 春节不说倒霉的话。（　　）
5. 女的老家过年可以理发。（　　）
6. 春节的活动很丰富，包括放鞭炮、贴春联、吃粽子，等等。（　　）
7. 有些人不喜欢过年，是因为客套太多。（　　）

二、根据提示词语回答下列问题

1. 春节吃什么？有什么含义？

讲究　表示……　意味着……

2. 春节不能做什么？

倒霉　不要……，不要……，不然的话

3. 春节有哪些重复的行为？他们对此有什么看法？

比如……　但有人反对　认为……　千篇一律

三、讨论

1. 男的和女的对春节的态度分别是什么？你赞成谁的态度？

参考表达：

还是赞成　不然的话　说的一点儿不错
就等于　还不如　可以说

2. 请谈谈中国人过春节有什么禁忌。

参考表达：

禁忌　倒霉　打碎　责备　打扫　倒垃圾　理发

第二部分

学一学　录音 75

口语表达

又能怎么样　yòu néng zěnmeyàng

翻译	(*indicating no difference will be made*) so what
解释	不会怎么样、无所谓或无可奈何。
例子	1. 发音不太标准又能怎么样？只要能交流就行了。 2. 你考不好，老师又能怎么样？学习是你自己的事情。 3. 我想你又能怎么样？我们远隔十万八千里。

哪有你这样的？ Nǎ yǒu nǐ zhèyàng de ？

翻译	(*used to blame sb.*) how could you (do that)
解释	你不应该这样，有责备的意思。
例子	1. 哪有你这样的？让女朋友提着大包小包的，你什么也不拿。 2. A：今天的家务你包了吧，我实在太累了。 B：哪有你这样的？不行，我们石头剪刀布来决定，谁输了谁做。 3. 他病得那么厉害，你还让他做这做那的，哪有你这样的？

生　词

1	训诫	xùnjiè	（动）	to admonish, to advise
2	乡亲	xiāngqin	（名）	person from one's native village or town
3	象征性	xiàngzhēng xìng		symbolic
4	拒绝	jùjué	（动）	to refuse, to turn down
5	婶婶	shěnshen	（名）	aunt, wife of father's younger brother
6	昨儿个	zuórge	（名）	yesterday
7	零食	língshí	（名）	snacks
8	色素	sèsù	（名）	pigment, coloring matter
9	儿媳妇	érxífu	（名）	daughter-in-law, son's wife

熟　语

阔别已久
kuòbié yǐ jiǔ
to have not seen each other for quite some time, to have been away for a long time

离开了很长时间。
例 1：他重新回到阔别已久的故乡。
例 2：今天阔别已久的亲戚到我们家做客。

听一听

课文　一位农村父亲对城市儿子的训诫　录音 76

● **背景提示**

儿子在大城市工作，回到了阔别已久的故乡，父亲对他很不满意，为什么呢？

一、听课文，选择正确答案

1. A. 姨父
   B. 王婶
   C. 四叔
   D. 舅舅

2. A. 不好吃
   B. 对身体不好
   C. 太贵了
   D. 太多了

3. A. 起得晚
   B. 不是自家人
   C. 干活少
   D. 不做饭

4. A. 向邻居问好
   B. 像原来一样说话
   C. 帮四叔孩子找工作
   D. 让儿媳妇多干活

5. A. 儿子一家人回老家
   B. 父亲看不惯儿子的做法
   C. 儿子跟家乡人说家乡话
   D. 儿媳妇起床起得晚

二、听课文，回答问题

父亲看不惯儿子哪些行为？

1.	2.
3.	4.
5.	6.

说一说

一、根据所给情景和提示完成对话

> 中国人自90年代以来，突然对过洋节很感兴趣，国外的情人节、愚人节、感恩节、万圣节、母亲节、圣诞节，等等，在中国一年比一年红火，而对本国的传统节日如元宵节、端午节、七夕节、重阳节等却反倒渐渐冷淡。这是什么原因？过洋节究竟好不好？近日，北京大学、清华大学、武汉大学等高校及科研单位的10名博士发出倡议书，号召网友要冷静面对圣诞节。这一消息引发了许多网友及一些媒体的议论，有的表示支持，有的认为他们这样做没有必要。你们的看法呢？

A：昨天，我在网上看到一条新闻，说是北大、清华等10名博士发出倡议书，号召网友冷静面对圣诞节。

B：________________。（又能怎么样）

A：但他们的行动至少反映了他们对社会现象的思考。

B：确实，现在春节的年味儿越来越淡，圣诞节倒是越来越热闹。

A：________________。（说得一点儿不错）

B：很多年轻人认为春节客套太多，太麻烦。

A：我女儿也说________________，________________。（还不如）

B：是啊。去年我们全家就在海南过的春节。

A：没回老家过年感觉怎么样？

B：虽然很舒服、轻松，但一点儿也没有过年的感觉。我觉得过年还是得回老家热闹。

A：我们还是喜欢传统的方式，但现在年轻人就不一样了。

B：看来，西方文化对他们的影响真的很大。相比之下，传统节日有点儿单调。

A：所以我对这几位博士的做法很赞同，________________________。（不然的话）

B：对了，今天是情人节，要不一会儿买一束玫瑰花送你？

A：________________________。（哪有你这样的）

B：哈哈，开个玩笑，别介意。

二、小组活动

春节

元宵节

清明节

端午节

中秋节

重阳节

1. 两人一组，谈一谈以上中国传统节日的饮食和活动。

提示：饺子　拜年　汤圆（元宵）　划龙舟　粽子　月饼　郊游　爬山

参考表达：还不如　不然的话　欢聚一堂　年味儿　千篇一律

2. 三人一组，谈谈你们国家的重要节日以及节日的习俗和禁忌。

复习三

听力部分

一、听小对话，选择正确答案 录音 77

1. A. 她以前喜欢看京剧
   B. 她现在喜欢看京剧
   C. 她现在不喜欢看京剧
   D. 她一直不喜欢看京剧

2. A. 女的想去迪士尼
   B. 男的想去迪士尼
   C. 女的不得不去迪士尼
   D. 男的不得不去迪士尼

3. A. 小张脾气挺好的
   B. 老李脾气挺好的
   C. 老李常常发脾气
   D. 小张常常发脾气

4. A. 城里
   B. 农村
   C. 海边
   D. 山上

5. A. 十二点
   B. 两点
   C. 八九点
   D. 不知道

6. A. 她有工作经验
   B. 她准备得很充分
   C. 她很有自信
   D. 她学历很高

7. A. 她工作很多年了
   B. 她当上经理了
   C. 她是公司最年轻的
   D. 她不愿意当经理

8. A. 支持男的
   B. 支持老李
   C. 支持她自己
   D. 还没有决定

9. A. 他住得最远
   B. 他住在附近
   C. 他开车上班
   D. 他坐地铁上班

10. A. 女的不记得爸爸的生日
    B. 爸爸知道女儿的要回家
    C. 男的知道女的要回家
    D. 女的正在回家的路上

11. A. 小明
    B. 小强
    C. 亚林
    D. 不一定

12. A. 以前这里有很多工厂
    B. 村民们办工厂赚了很多钱
    C. 以前这里有很多果树
    D. 这里的水果很甜

13. A. 从女的的老板那儿看到的
    B. 同学聚会的时候听说的
    C. 出国留学的时候听说的
    D. 偶然在路上撞到的

14. A. 看电视
    B. 睡觉
    C. 旅游
    D. 打扫卫生

15. A. 那家公司应该卖鸡蛋
    B. 那家公司不应该关闭
    C. 那家公司不应该生产 DVD
    D. 那家公司应该生产不同的产品

16. A. 男的有高血压
    B. 女的有高血压
    C. 菜里放的盐少
    D. 菜的味道不好

17. A. 买菜
    B. 买衣服
    C. 招待客人
    D. 看父母

18. A. 伤心
    B. 失望
    C. 不满
    D. 后悔

19. A. 回老家
    B. 去国外
    C. 去海南
    D. 留在家里

20. A. 小赵不如男的
    B. 男的不用努力
    C. 男的没有机会
    D. 男的应该自信

二、听短文和对话，听后复述 录音 78

短文：子贡和子路的故事

生词提示：

（1）子贡：Zǐgòng，Zigong, a disciple of Confucius

（2）子路：Zǐlù，Zilu, a disciple of Confucius

（3）春秋时期：Chūnqiū shíqī，Spring and Autumn Period (770 B.C.-476 B.C.)

（4）奴隶：núlì，slave

（5）赎：shú，to redeem, to ransom

（6）赎金：shújīn，ransom money

（7）大跌眼镜：dà diē yǎnjìng，to be much surprised

表达提示：

子贡的做法

子路的做法

孔子的看法

对话：北漂

生词提示：

（1）北漂：běipiāo，person who lives and works in Beijing, but is not a registered citizen of Beijing and moves house from time to time

（2）念头：niàntou，thought, idea

（3）副业：fùyè，sideline, avocation

表达提示：

来北京的原因

在北京的生活

没有安全感的原因

口语部分

一、用指定的表达式或词语完成对话

1. 男：现在人家都讲究投资赚钱，咱也该考虑考虑是不是可以干点儿什么。

女：就咱这点儿钱，投什么资啊？别琢磨那些乱七八糟的了。

男：你这想法是不对的。投资可以多也可以少啊，不见得一定要有很多钱。

女：嗐，投个一万两万的能赚到什么啊？有那时间还不如多干点儿活儿呢。

男：很多富人也是一块钱一块钱积累起来的嘛。能赚一点是一点嘛，____。（且不说……，就说……吧，……）

女：____________________________________，（话是这么说，可是……）万一老人生病、孩子上学不都得要钱啊？

2. 女：现在的网络各种各样的信息传来传去，也确实该管管了。对网络应该像现实一样，有一套有效的法律和制度来管理。____________________。（不然的话）

男：我觉得网络本来就是一个虚拟世界。__________________________________，____。（A 是 A，B 是 B）

女：虚拟世界这个说法不完全对。因为在虚拟的背后，是真实的社会。网上各种各样的信息都是人传播的嘛，要不怎么那么多人上当受骗呢。

男：____________________________________。（话是这么说，可是……）

女：自由是相对的，自由不能影响到别人，不能影响到社会，不管在网上，还是在现实中，都是一样的道理。

3. 男：你不用这么伤心，她只是暂时误解了你，总有一天她会明白的。

女：别人误解了我，都无所谓，毕竟不是每个人都得理解你。可是她这样说我，我真的很伤心。____________________。（且不说……，就说……吧，……）

男：没事的，________________________________。（再……也有……的时候）

女：我为她做了这么多，____________。她可是我最好的朋友啊。____。（即便……，也……）

4. 女：你不能总是这么拼命，人啊，该工作的时候工作，该休息的时候也得休息啊。

男：没办法，这么多工作，______________________。（V 也得 V，不 V 也得 V）

女：有时候，不停地做一件事并不难，难的是怎么停下来。____________________________，（像……吧）我第一次滑雪的时候，从山顶一直滚到山下，不知摔了多少个跟头。因为我根本不知道怎么才能停住。

男：确实是这样，我学滑雪的时候也是，学会了停止，才是真正会滑雪了。

女：____。（回过头去看）

5. 男：小张现在心情不好，他做这个工作这么久，总是感觉不顺利。

女：是啊，他都干了好几年了，业绩经常是最后一名，____________。（说不过去）

男：其实这种情况，____________。（十有八九）只要选对了行业，一定会成功的。

女：________________________________。（话是这么说，可是……）

男：努力是一个方面，选择适合的职业也很重要，我的一位朋友就是一个很好的例子。

6. 女：小张，这次啊，你一个人去 M 公司，跟他们谈谈合作的事情。

男：我一个人啊？这……，我怕做不好。

女：没事的，你也工作两年了，总得试着独立工作嘛。大家都是这样过来的嘛，你看看小李和小齐，____________________________？（哪个不……）

男：________________________________。（话是这么说，可是……）万一谈不好，公司的损失就大了。

女：没关系，我相信你一定行。大胆地去做，如果你不敢走出这一步，你永远都只能是给别人打下手。

7. 男：我这结婚才半年，我妻子总是对我横挑鼻子竖挑眼的，这也不满意，那也不满意。

女：嗐，都这样，____________________________？（哪家不是……）

男：可能我们都希望对方适应我们的习惯吧。

女：其实她挑你的毛病也是因为她爱你。我听过一个故事，说一位老太太买苹果，左挑右挑，总是不满意，可最后还是买了。所以那些挑毛病的人才是真正想买的人。____________________________？（不然的话）

8. 女：我们家这孩子，就是不爱学习，我给他报了好几个班，他都不愿意去。

男：你呀，不能逼着孩子学这学那，让孩子学一些他不喜欢的东西，对他的智力发展不好。

女：你的意思是不用报辅导班？

男：______________________________。（V 还是要 V 的，不过……）

女：感兴趣的？我觉得他就对玩儿感兴趣。

男：小孩子嘛，____________________________？（哪个不……）但是只要仔细观察，就能发现他对什么有兴趣。我女儿小时候，有一次她妈妈给她买了本漫画书，给她讲了一遍她就能复述下来了。后来我就特意培养她阅读的兴趣。

女：____。（你还别说，……）

他一听到音乐就跟着手舞足蹈的。

二、选择一个情景，两人或三人一组进行会话

要求：对话中应至少使用 5 ～ 6 个表达式。

1. 三个人在讨论曝光不道德行为的问题

情景：现在网上经常有一些曝光不道德行为的照片，这些曝光虽然对社会的道德建设有好处，但是同时也对照片中当事人的生活造成了很大的影响。请你们对这种曝光行为谈一谈自己的看法。

语气：赞成、反驳

2. 讨论投资和储蓄哪个更适合普通职工家庭

情景：对于工薪家庭来说，每月剩余的钱应该拿来投资还是应该存在银行？夫妻之间发生了分歧，丈夫认为应该拿去投资，妻子认为存在银行更可靠。

语气：赞成、反驳

3. 说说父母和子女两代人之间的观念差异

情景：父母和子女之间在观念上总是会有一些差异。根据你自己的情况，谈一谈两代人之间的差异。举例说说在哪些方面、哪些事情上有不同的观念。

语气：询问、不理解、劝说

参考表达：

A 是 A，B 是 B　　A 也得 A，不 A 也得 A　　再……也有个……的时候

不 V 白不 V　　V 还是要 V 的，（不过）……　　十有八九

且不说，就说……吧　　说不过去　　像……（吧）

话是这么说，可是……　　站在……这边　　哪……不……

即便……，也 / 至少……　　尝到甜头　　误打误撞　　还不如

（说得）一点儿不错　　不然的话　　哪有你这样的

词语索引

生词	拼音	词性	英文翻译	课号
A				
熬夜	áo yè		to stay up late or all night	7
B				
掰	bāi	（动）	to nip off with the fingers and thumb	1
白痴	báichī	（名）	idiot	5
保障	bǎozhàng	（名）	assurance, guarantee	10
背（诵）	bèi(sòng)	（动）	to learn by rote, to recite	7
本身	běnshēn	（代）	oneself, itself	3
鞭炮	biānpào	（名）	firecrackers	12
不计	bújì	（动）	to give no thought to, to disregard	6
不见得	bújiàndé	（副）	not likely, not necessarily	10
不愧	búkuì	（副）	to be worthy of the title of	7
不得已	bùdéyǐ	（形）	having no alternative but, against one's will	5
C				
财富	cáifù	（名）	wealth	12
财商	cáishāng	（名）	financial intelligence quotient (FQ)	11
操心	cāo xīn		to worry about	6
炒股	chǎo gǔ		to speculate in stocks	11
趁	chèn	（介、动）	while; to make use of, to take advantage of (an opportunity)	1
成就感	chéngjiùgǎn	（名）	sense of success or achievement	1
吃不消	chībuxiāo	（动）	to be unable to bear/stand	7
翅膀	chìbǎng	（名）	wing	6
冲浪	chōnglàng	（动）	to surf	6

G

赶时髦	gǎn shímáo		to keep up with the latest fashion	2
高考	gāokǎo	（名）	college entrance examination	7
高三	gāosān	（名）	third year in high school	7
高血压	gāoxuèyā	（名）	hypertension	8
割	gē	（动）	to cut with a knife, to sever	2
割肉	gē ròu		to sell at a loss	11
供	gōng	（动）	to supply, to provide	5
贡献	gòngxiàn	（名、动）	contribution; to contribute	9
古玩	gǔwán	（名）	antique, curio	11
股票	gǔpiào	（名）	share certificate, stock	11
固定	gùdìng	（动）	to be fixed, to be regular	10
关注	guānzhù	（动）	to follow sb. on twitter, weibo, etc.	4
官方	guānfāng	（名）	official, by or of the authority	5
惯	guàn	（动）	to spoil by indulgence	1
灌输	guànshū	（动）	to imbue with, to instill into	7
光	guāng	（副）	only, solely	8
广泛	guǎngfàn	（形）	broad, extensive, wide-ranging	4
过激	guòjī	（形）	extreme, radical	5
过头	guò tóu		to overdo; over-	7

H

海绵	hǎimián	（名）	sponge	8
航空公司	hángkōng gōngsī		airline company	1
合计	héji	（动）	to think over, to figure out	1
黑车	hēichē	（名）	illegal cab	10
后遗症	hòuyízhèng	（名）	sequel, after-effect	2
护工	hùgōng	（名）	nursing worker	10
滑板	huábǎn	（名）	skateboard	6
画展	huàzhǎn	（名）	art exhibition, exhibition of paintings	3
话剧	huàjù	（名）	modern drama, stage play	3

K

开支	kāizhī	（名、动）	expense; to pay, to spend	1
可惜	kěxī	（形）	pitiful, regrettable	5
刻	kè	（动）	to engrave, to carve	7
客套	kètào	（名、动）	polite formulas, civilities; to exchange courtesies	12
空虚	kōngxū	（形）	vacuous, empty, void	5

L

来源于	láiyuányú	（动）	to originate in, to stem from	3
拦	lán	（动）	to block, to hold back	10
浪费	làngfèi	（动）	to waste, to lavish	1
老土	lǎotǔ	（形）	old-fashioned, out-of-date	2
礼服	lǐfú	（名）	formal dress, full dress	3
理财	lǐ cái		to manage money matters	11
脸色	liǎnsè	（名）	facial expression, countenance	1
两难	liǎngnán	（形）	in a dilemma	7
零钱	língqián	（名）	small change	8
零食	língshí	（名）	snacks	12
溜	liū	（动）	to sneak off, to slip away	4
流行语	liúxíngyǔ	（名）	popular phrase	6
隆	lóng	（动）	to swell, to bulge, to protrude	2
路程	lùchéng	（名）	journey, route	10

M

闷	mèn	（形）	bored, depressed	10
民间	mínjiān	（名）	folk, non-governmental, among the people	3
名片	míngpiàn	（名）	business card	10
母鸡	mǔjī	（名）	hen	6

N

内涵	nèihán	（名）	inner beauty	2
年味儿	nián wèir		ambience/festivity of the New Year	12
年薪	niánxīn	（名）	annual salary, annual pay	9

O				
呕吐	ǒutù	（动）	to vomit	5
偶像	ǒuxiàng	（名）	idol	5
P				
拍摄	pāishè	（动）	to take (a picture), to shoot (a video)	9
攀比	pānbǐ	（动）	to compare and compete (with each other socially)	6
捧场	pěng chǎng		to be a member of a claque, to support an activity by being present	3
迫于	pòyú	（动）	to have to (do sth.) due to certain pressure	9
Q				
气质	qìzhì	（名）	spirit, temperament, disposition	2
恰恰	qiàqià	（副）	just, exactly	11
欠	qiàn	（动）	to owe, to be in debt	1
强烈	qiángliè	（形）	strong, violent	6
强迫	qiǎngpò	（动）	to force, to compel, to coerce	9
侵犯	qīnfàn	（动）	to violate, to infringe on	9
情商	qíngshāng	（名）	emotional intelligence quotient (EQ)	11
请教	qǐngjiào	（动）	to consult, to ask for advice	8
权	quán	（名）	right	9
R				
人情味儿	rénqíngwèir	（名）	empathy, human kindness	10
S				
丧失	sàngshī	（动）	to lose	5
扫帚	sàozhou	（名）	broom	12
色素	sèsù	（名）	pigment, coloring matter	12
删除	shānchú	（动）	to delete	9
婶婶	shěnshen	（名）	aunt, wife of father's younger brother	12
慎	shèn	（形）	cautious, careful, prudent	9
慎重	shènzhòng	（形）	cautious, careful, scrupulous	9
失眠	shī mián		insomnia	8

实力	shílì	（名）	strength, power	2
始终	shǐzhōng	（副）	from beginning to end, from start to finish	2
市井	shìjǐng	（名）	marketplace, town	3
收藏	shōucáng	（动）	to collect and store up	11
收获	shōuhuò	（名、动）	results, gains; to gather (a crop), to harvest, to raep	10
收入	shōurù	（名、动）	income, earnings; to take in, to include	1
手笔	shǒubǐ	（名）	style (in doing sth. or spending money)	11
手指	shǒuzhǐ	（名）	finger	4
水分	shuǐfèn	（名）	exaggeration, overstatement	4
顺风车	shùnfēng chē		free ride	10
顺路	shùnlù	（副、形）	on the way; being a direct route	10
瞬间	shùnjiān	（名）	instant	4
私信	sī xìn		private letter, private message	4
思维	sīwéi	（名）	thought, thinking	7
死活	sǐhuó	（副）	anyway, simply	1
死记硬背	sǐjì yìng bèi		to learn by rote, to memorize mechanically	7
塑造	sùzào	（动）	to portray, to create	5
缩水	suō shuǐ		to shrink, to devalue	11

T

淘宝	táo bǎo		to seek for treasure	11
体弱多病	tǐ ruò duō bìng		weak and sickly	8
体系	tǐxì	（名）	system	10
挑食	tiāoshí	（动）	to be picky about what one eats	6
通货膨胀	tōnghuò péngzhàng		(of currency) inflation	11
痛恨	tònghèn	（动）	to detest, to hate bitterly	7
头儿	tóur	（名）	boss, head, leader	8
团圆饭	tuányuánfàn	（名）	reunion dinner	12
退学	tuì xué		to drop out, to leave school	5

W

外婆	wàipó	（名）	maternal grandmother	7

外资	wàizī	（名）	foreign investment, foreign capital	1
玩儿命	wánr mìng		to do sth. recklessly	7
万一	wànyī	（副）	in case, if by any chance	9
委屈	wěiqu	（动、形）	to do sb. wrong; feeling wronged	1
未必	wèibì	（副）	may not, not necessarily	11
畏惧	wèijù	（动）	to fear, to dread	6

X

牺牲	xīshēng	（动）	to sacrifice	5
戏曲	xìqǔ	（名）	traditional Chinese opera	3
下地	xià dì		to leave a sickbed	6
嫌	xián	（动）	to loathe, to complain	6
显得	xiǎnde	（动）	to seem, to appear	2
羡慕	xiànmù	（动）	to envy, to admire	1
乡亲	xiāngqīn	（名）	person from one's native village or town	12
相干	xiānggān	（动）	to be related to, to be concerned with	9
享受	xiǎngshòu	（动）	to enjoy	7
象征性	xiàngzhēng xìng		symbolic	12
消遣	xiāoqiǎn	（动）	to relax oneself, to while away the time	3
潇洒	xiāosǎ	（形）	elegant and unconventional	5
小心翼翼	xiǎoxīn yìyì		with the greatest care, very cautiously, gingerly	1
孝（顺）	xiào（shùn）	（动）	to show filial piety	10
协作	xiézuò	（动）	to cooperate, to collaborate	10
心愿	xīnyuàn	（名）	cherished desire, aspiration	5
新奇	xīnqí	（形）	strange, new, novel	4
新人	xīnrén	（名）	newcomer	8
信条	xìntiáo	（名）	article of creed or faith, tenet	7
信仰	xìnyǎng	（名、动）	faith, belief; to believe in	5
兴起	xīngqǐ	（动）	to rise, to spring up	4
型号	xínghào	（名）	model, type, version	2
熊市	xióngshì	（名）	bear market	11

学术	xuéshù	（名）	learning, science	9
训诫	xùnjiè	（动）	to admonish, to advise	12
Y				
淹	yān	（动）	to flood, to submerge, to inundate	4
眼光	yǎnguāng	（名）	sight, foresight, insight	1
眼皮	yǎnpí	（名）	eyelid	2
谣言	yáoyán	（名）	rumor	4
摇滚乐	yáogǔnyuè	（名）	rock 'n' roll, rock music	3
咬牙	yǎo yá		to clench or gnash one's teeth out of indignation or in agony	1
要么	yàome	（连）	or, either…or…	1
野	yě	（形）	unrestrained, undisciplined	6
医疗	yīliáo	（动）	to give medical treatment	10
遗书	yíshū	（名）	letter or note left by one right before death, suicidal note	5
一股脑儿	yìgǔnǎor	（副）	all, completely, entirely	8
抑郁症	yìyùzhèng	（名）	depression	8
意志	yìzhì	（名）	will, willpower	6
印象	yìnxiàng	（名）	impression	4
勇于	yǒngyú	（动）	to be brave enough to, to have the courage to	4
元宝	yuánbǎo	（名）	shoe-shaped gold or silver ingot	12
Z				
在意	zài yì		to care about, to mind	8
攒	zǎn	（动）	to save, to accumulate	1
赞成	zànchéng	（动）	to approve, to agree	12
遭殃	zāo yāng		to suffer disaster	10
责怪	zéguài	（动）	to blame, to reproach	8
长相	zhǎngxiàng	（名）	looks, features, appearance	2
招呼	zhāohu	（动）	to ask, to tell	8
折磨	zhémo	（动）	to torment, to rack	1

挣	zhèng	（动）	to earn	1
执着	zhízhuó	（形）	persevering, persistent	6
智商	zhìshāng	（名）	intelligence quotient (IQ)	11
煮	zhǔ	（动）	to boil, to cook	7
转发	zhuǎnfā	（动）	to forward (a post), to retweet	4
状况	zhuàngkuàng	（名）	condition, situation, state (of affairs)	1
追求	zhuīqiú	（动）	to pursue, to run after	2
姿态	zītài	（名）	attitude, pose, profile	10
总归	zǒngguī	（副）	after all, eventually	1
昨儿个	zuórge	（名）	yesterday	12

专有名词

生词	拼音	英文翻译	课号
B			
布拉德·皮特	Bùlādé· Pítè	Brad Pitt	5
C			
成龙	Chéng Lóng	Jackie Chan, a Chinese actor	5
L			
雷锋	Léi Fēng	Lei Feng, a Chinese soldier and hero	5
琉璃厂	Liúlichǎng	Liulichang, a well-known cultural street in Beijing where many antique shops are located	11
M			
迈克尔·杰克逊	Màikè’ ěr· Jiékèxùn	Michael Jackson	5
P			
潘家园	Pānjiāyuán	Panjiayuan, a place in Beijing famous for its antique market	11
Q			
乔丹	Qiáodān	Michael Jordan	5
清代	Qīngdài	Qing Dynasty (1644-1911)	11

S

沈阳道	Shěnyáng Dào	Shenyangdao, a street in Tianjin where antiques are sold	11
宋代	Sòngdài	Song Dynasty (960-1279)	11

Y

姚明	Yáo Míng	Yao Ming, a Chinese basketball player	5

熟语

	拼音	课号
A		
爱美之心，人皆有之	ài měi zhī xīn，rén jiē yǒu zhī	2
B		
不要把鸡蛋放在一个篮子里	bú yào bǎ jīdàn fàng zài yí ge lánzi li	11
C		
尝到甜头	cháng dào tiántou	11
沉得住气 / 沉不住气	chén de zhù qì / chén bu zhù qì	4
吃饱了撑的	chībǎole chēng de	5
措手不及	cuòshǒu bùjí	4
E		
耳濡目染	ěrrú mùrǎn	7
耳听为虚	ěr tīng wéi xū	4
F		
犯不着	fànbuzháo	2
H		
呼来喝去	hū lái hè qù	8
欢聚一堂	huānjù yì táng	12
J		
鸡毛蒜皮的小事	jīmáo suànpí de xiǎo shì	8
积少成多	jī shǎo chéng duō	11
斤斤计较	jīnjīn jìjiào	8
K		
阔别已久	kuòbié yǐ jiǔ	12
M		
满世界	mǎnshìjie	5
P		
派上用场	pài shang yòngchǎng	7
评头论足	píngtóu lùnzú	6
Q		
千篇一律	qiānpiān yílǜ	12
前所未有	qiánsuǒwèiyǒu	7
倾家荡产	qīngjiā dàngchǎn	5
R		
日子还长着呢	rìzi hái cháng zhe ne	3
S		
十有八九	shí yǒu bā jiǔ	10
是金子总会发光的	shì jīnzi zǒng huì fā guāng de	2

致教师

教师朋友，为方便您了解这套教材，在此我们特向您就编写理念和教学建议做个简单说明。

编写理念：

1. 内容少而精。我们希望听说课上不要让词语分散学习者过多的注意力，而是把学习重心放在课文理解和语段表达上，并希望每课的内容能够当堂学习，当堂消化，所以每课内容的总量基本都控制在四学时以内。为此我们严格控制课文长度、表达式数量和生词量，并且使每课中的内容递进式呈现、多复现。

2. 听说结合。我们认为“听”、“说”训练效果的好坏与听什么和说什么有很大关系。如果听说一体，让听来带动说，说来促进听，就能达到听说能力双双提高的目的。为此我们明确了将听和说训练基于同一语言材料进行的原则，并采取了由点到面、循序渐进的输入安排。“点”是指表达式和重点词语，以及听包含这些成分的小对话；“面”是指课文和相关内容的语段表达练习。点和面相互叠加，相互渗透，点的作用是理解表达式的意义和语用功能；面的作用是使表达式和词语在新语境中得到延伸。

3. 揭示文化。为了让外国学生尽可能多地了解中国的人文思想，在编写课文时，我们有意识地加入了文化因素。不同于有些教材介绍中国文化的做法，我们是将文化暗含在自然而然的话语中，通过特定的表达反映中国人的思想意识和文化内涵。这些内容也能为课堂讨论提供丰富的话题。

教学建议：

1. 重视练习的语境意义。我们非常注重语境在听力理解与口语交际中的作用，因为语境对信息理解与掌握有很强的辅助作用，所以这部教材的听说训练项目均结合语境进行，这也是本教材的创新之处。如“听一句话，听后做出恰当的应答”就是让学生结合语境，使用所学表达式，做出一个恰当的回答。另外，“说一说”部分的“根据所给情景和提示完成对话”是一项表达式的应用练习，与其他教材的表达式练习不同的是，我们给学生提供的是一个语境完整的对话，对话中自然而然地会用上这一课中全部或大部分表达式，学生必须借助上下文的意思，才可能完成该对话。希望教师在讲练表达式、词语时也都依托语境进行。

2. 适当注意语用功能。我们在学习内容中为语用功能的学习与应用搭建了一个平台。这在表达式列表、听力理解练习和交际练习中都得到了体现。通过这三个部分，基本上能够使学习者完成对语用功能从认识到理解、从理解到应用的认知过程。我们希望教师在教学中帮助学生树立功能的意识，以便使学生做到不仅会说，而且说得得体。

3. 教学安排。教材一共有 12 课和三个复习课，按照现在大多数院校听说课程为每周四学时的安排计算，一学年正好完成《提高篇·听和说》、《跨越篇·听和说》两册的学习。建议每课学习 4 学时，第一部分 2 学时，第二部分 2 学时。教材中的复习课针对前面四课学习过的表达式和课文进行全面总结，再现学习重点，因此也可以把复习课作为阶段性考查的材料。学习时间可根据各自单位的教学计划，安排在 2 ~ 4 学时之间。

本教材的内容编排顺序是根据一般课堂教学步骤所做的，所以教师可以参考这个编排顺序设计教学步骤。

本教材难免会有疏漏或不当之处，恳请各位教师见谅，并给我们提出宝贵意见。

祝您教学顺利！

执行主编　胡波

进阶式对外汉语系列教材
A SERIES OF PROGRESSIVE CHINESE TEXTBOOKS FOR FOREIGNERS

成功之路
ROAD TO SUCCESS

跨越篇·听和说
INTERMEDIATE Listening and Speaking

听力文本及练习参考答案
THE RECORDING SCRIPT AND KEY TO EXERCISES

主　　编　邱　军
副 主 编　彭志平
执行主编　胡　波
编　　著　胡　波
　　　　　黄丹纳

ROAD TO SUCCESS
A SERIES OF PROGRESSIVE CHINESE TEXTBOOKS FOR FOREIGNERS

北京语言大学出版社
BEIJING LANGUAGE AND CULTURE UNIVERSITY PRESS

目录

1 青春一“族”

第一部分

听一听

热身

录音 02

一、听小对话，选择正确答案

1. 女：真不知道小李是怎么想的，这么好的工作非要辞职，多可惜啊！
   男：各有各的想法嘛，人家肯定有自己的原因，只是不愿意说。你呀，就别给人家操心了。
   问：男的是什么意思？
2. 女：他们这夫妻俩老这么吵来吵去的也不是个事儿啊！这到底谁对谁错啊？
   男：嗐，这种事有什么谁对谁错啊，俩人各有各的理，永远也说不清楚。
   问：男的是什么语气？
3. 女：晚上这个聚会你不是说你不去吗？怎么又要去了？
   男：不管怎么说都是老同学，他们要拉我去，不去也不好意思啊。
   女：不好意思！你每次都是“不好意思”！我看你就是自己想去。
   问：下面哪一项与对话内容相符？
4. 女：真没想到，这里的房子涨价涨得这么快，咱们当时要是买了多好啊！
   男：你还说呢，当时我就跟你说了，你死活不同意，现在后悔有什么用？
   问：男的是什么语气？
5. 男：今天真倒霉，在路上堵了两个小时，上班迟到，又让老板说了一顿。
   女：是啊，好多人都迟到了。好在我出来得早，没赶上堵车。
   问：下面哪一项与女的的情况相符？

6. 男：天气预报说，这两天都下雪，没法儿开车了。
　女：好久不下雪了，好不容易下一次，太好了！就是交通不太方便，好在是周末，不出门也行啊。
　问：下面哪一项与对话内容相符？

7. 男：告诉你一个好消息！我的留学申请终于通过了，下学期我就可以去法国留学了！
　女：我早就说过你不用紧张嘛，是你的总归是你的，你还吃不下饭睡不着觉地担心了好几天！
　问：女的是什么意思？

8. 男：听说你的论文都写得差不多了，你真厉害！我才刚刚开始查资料呢，真是头疼啊！
　女：说实话，开始的时候我也头疼，可是后来想一想，既然总归是要做的，早点儿做出来就放心了。在图书馆泡了两个星期，也就做出来了。
　问：女的为什么这么早就写出了论文？

答案 1. C　2. A　3. B　4. A　5. B　6. A　7. D　8. B

录音 03

二、下面你将听到一句话，听后请做出恰当的应答

1. A：上次李明去北京的时候，你们见面了吗？
　B：______________________（各有各的……）
2. A：你们下学期还在北京吗？打算干什么？
　B：______________________（各有各的……）
3. A：这段时间都累死了，终于可以休息休息了。
　B：______________________（不管怎么说……）
4. A：不好意思，没帮上你什么忙。
　B：______________________（不管怎么说……）
5. A：这是明天的飞机票，八点的飞机，你六点以前就得出发。
　B：______________________（好在）
6. A：你怎么来得这么晚？
　B：______________________（好在）

录音 04

课文 啃老族

● 背景提示

你听说过"啃老族"这个词吗？"啃老族"可不是一个民族的名字，它是指那些放弃工作待在家里、衣食住行全靠父母的年轻人。为什么要放弃工作呢？当然各有各的原因。我们采访了一位叫小风的大学毕业生，来听听他的故事吧。

记者：小风，你是哪年大学毕业的？

小风：我去年毕业，毕业以后在一家外资航空公司干了大概四五个月吧。

记者：外资航空公司啊？那收入肯定非常高吧？多少人羡慕你这工作啊！

小风：外人看起来是这样，工资也确实不错。可就是每天在办公室里干同样的事情，接电话、打电话，我觉得太无聊了。我是学新闻的，看到我那些同学都在各大报纸上发表文章，多有成就感啊，我越来越感觉到，这才是我想要的工作。

记者：那你辞职你父母同意吗？

小风：开始的时候他们死活不同意。我就跟他们讲，我说现在的工作就是在浪费我的生命。

记者：辞职以后呢？找工作了吗？

小风：辞职后我决定趁这段时间调整一下自己，不管怎么说，工作这一年挺累的，我习惯晚睡晚起，单是每天起床就够折磨人的了。

记者：那你现在的生活状况是什么样？

小风：每天睡到中午起床，吃过饭去附近的学校和一帮小朋友打篮球。我跟他们说我是大一的学生他们都会相信呢！然后回家，晚上看看电视，上上网，要么就写点儿东西。

记者：过得挺舒服吧？

小风：就是经济上有问题。当时都是挣多少花多少，所以也没攒下钱。现在就是父母每个星期给我 200 块零花吧。好在吃住都在家里，也花不了多少钱。

记者：跟上班时候比起来……

小风：200 块也就是上班时候的一顿午餐吧。公司里女孩子多，中午她们约我一起吃饭，花几百块吃午饭是经常的。

记者：那你现在花父母的钱，心里会不会……

小风：也没什么，习惯了，父母心里总归会有意见，这么大了还要花父母的钱……

记者：那你有什么打算？

小风：找了一家报社，他们让我先去实习。就是听说这家报社工资不高，有时候都不能按时发工资，心里还是有点儿担心，经济方面的问题不好解决。

二、听课文，判断正误

答案 1. 对　2. 错　3. 错　4. 对　5. 对　6. 错　7. 错　8. 对

第二部分

听一听

录音 06

课文　房奴

● 背景提示

你听说过“房奴”这个词吗？“房奴”就是房子的奴隶，他们为了买房子，从银行贷了很多款，并且要花二三十年的时间来还上这些钱，给他们的家庭生活带来了很大的压力。

小李：现在的房价啊，一天一天往上涨，我啊，这辈子怕是住不上自己的房了。小赵啊，还是你有眼光，房子买得早。

小赵：你可不知道，我这房奴的日子不好过啊。刚结婚那会儿，天天为房子发愁，跟老婆一合计，咬牙买了房子。这下可好，住的地方是有了，可是贷了一大笔钱，每天早上一睁眼，什么都没干，就欠了银行两百块了。这辈子啊，都给银行打工了。

小李：也够难的了。

小赵：买房以前啊，天天下馆子，现在天天自己做饭，买菜还得下午去菜市场，便宜啊，一分钱恨不得掰成两半儿花。以前下班晚了打个车，现在哪舍得啊，要不坐地铁，要不挤公车。以前每月发了工资，总得给老婆买两件衣服，现在啊，都不敢进商场门。前两天老婆说要参加同学的婚礼，我就劝她去买件好点儿的衣服，好好打扮打扮自己，想想这几年，真是太委屈她了。可是她啊，死活不肯买，说是在网上看看有没有便宜点儿的。真是省到家了。

小李：唉，这样看起来，我还是租房子吧，这当房奴的日子还真是没法儿过。

小赵：还有呢，我们那孩子都5岁了，一直放姥姥家，这些年我们是一分钱都没花过。可是孩子老让老人带着也不是个事啊，都让老人惯得一身臭毛病，再不接回来啊，就太对不起孩子了。这又是一笔大开支啊。

小李：没错，孩子不能老让老人带着。

小赵：以前工作不顺心，说辞职就辞职，现在，天天小心翼翼看着老板的脸色！小李啊，你能自由一天就自由一天吧，可别受这罪了。

一、听课文，选择正确答案

1. 下面哪一项不是房奴的特点？
2. 小赵是什么时候买的房？
3. 关于买房后小赵的生活，下面哪一项是正确的？
4. 关于小赵的妻子买衣服这件事，下面哪一项是正确的？
5. 小赵和妻子为什么想把孩子接回来？

答案 1. A　2. B　3. A　4. C　5. C

2 时尚先锋

第一部分

听一听

热身

录音 08

一、听小对话，选择正确答案

1. 男：你羡慕人家漂亮，那你也去整整容。不就是钱嘛，全部花费我都给你出了。
   女：钱不是问题。我犯不着为了漂亮去整容，万一影响健康，后悔都来不及。
   问：女的对整容是什么态度？
2. 男：这种事该不会是小李做的吧？他都不怎么跟大家来往，我们都不了解他。
   女：我也不知道啊！
   问：男的为什么怀疑小李？
3. 女：祝贺你，工作终于完成了。
   男：别祝贺了，你还说帮我呢，到头来还是我自己忙活。
   问：男的是什么意思？
4. 女：你看看，照片上的这些明星都是双眼皮，多好看啊！要是我的眼睛也是这样的该多好啊！
   男：有这个必要吗？单眼皮不是挺好的嘛。不要割完了，到头来，还没原来好看呢！
   问：男的对女的割双眼皮是什么态度？
5. 男：要跑这么远去看个话剧啊？
   女：怕什么！又有车送，又有免费的票，何乐而不为啊？
   问：女的对看话剧是什么态度？

6. 男：看看啊，隆鼻、割双眼皮、吸脂，现在的人也太过分了吧。整容整出来的个个都那么漂亮，但生出孩子呢？

女：以后接着整呗。现在的科学技术能让人变漂亮，何乐而不为啊？

问：女的是什么意思？

7. 男：邻居小张四十多岁了，怎么看起来那么年轻，而且好像越来越漂亮了！

女：可不是！我记得她以前是单眼皮啊，该不会是整容了吧？

问：女的是什么意思？

8. 男：唉，报告明天就得交，本来想早点儿写的，但忙这忙那的，到头来，还是最后一天才开始。

女：这么晚了，睡觉吧，晚一天交该不会怎么样吧。

问：下面哪一项与对话内容相符？

答案 1. C　2. D　3. B　4. C　5. A　6. B　7. D　8. D

录音 09

二、下面你将听到一句话，听后请做出恰当的应答

1. A：儿子不是说他自己赚钱交学费吗？你就别管了。

B：______________（到头来）

2. A：我想去整整容，把鼻子垫高一点儿，你觉得怎么样？

B：______________（到头来）

3. A：我现在犹豫的是，要不要接受这个奖学金去美国留学。

B：______________（何乐而不为）

4. A：几个朋友尝试了这种茶，都说减肥效果很好，而且不伤身体，你想不想尝试一下？

B：______________（何乐而不为）

5. A：小李明天要去云南旅行，下星期二才回来。

B：______________（该不会……吧）

6. A：等了这么长时间了，车也没来，怎么回事？

B：______________（该不会……吧）

录音 10

课　文　整容

● **背景提示**

爱美之心，人皆有之，但是对于“整容”这种追求美的方式，人们却看法不一。我们来听听课文里的人是怎么说的。

男：小丽，看今天的报纸了吗？著名演员王贝整容整死啦！

女：天哪，快给我看看！她原来长得挺好的嘛，整什么容呀？

男：爱美之心，人皆有之，更何况这些要靠长相吃饭的明星们啊！现在明星整容已经不是什么新鲜事了。除了明星，那些爱美的女孩子割个双眼皮、隆个鼻，甚至隆胸、吸脂减肥也都是家常便饭了。你没听说现在很多大学毕业生为了找工作也流行整容吗？

女：这太没必要了，演员、模特整整容我还可以理解，其他行业没有必要，犯不着去整容吧。更何况现在整容花费不低，一个学生哪儿来的钱？到头来还不是要靠父母？

男：大家不是都说“先天不足，后天可补”吗，长相怎么就不可以呢？一个人整容后可以让自己变得更漂亮，也就更自信了。人人都需要自信，不光是做模特啊、演员啊，对不对？整容虽然整的是外表，可带给人自信才是更重要的！

女：我还是觉得自然就好，坚决反对人工雕琢。自信是从内到外的，有内涵的女性才是最美丽的。再说了，整容风险多大啊。你看看王贝不就死了吗？

男：我还是觉得如果整容以后没有后遗症，如果家里有足够的钱，就可以大胆去整。不但能变得更漂亮，而且能在找工作的过程中有更多的优势，何乐而不为啊？

女：长相一般的人可能在求职的路上会遇到点儿困难，但是是金子总会发光的！你该不会也想整容吧？

男：没什么不可以的啊。

二、听课文，选择正确答案

1. 关于整容的人，课文里没提到哪个？
2. 女的反对大学毕业生为找工作整容的原因，课文里提到了哪个？
3. 下面哪一项属于女的的观点？
4. 女的说“是金子总会发光的”，这句话的意思是什么？
5. 男的觉得整容的好处不包括下面哪一项？

答案　1. C　2. A　3. A　4. C　5. D

第二部分

听一听

录音 12

课文 我看时尚

● 背景提示

你赶时髦吗？你追求时尚吗？对这个问题，小明和小丽的看法就完全不一样。让我们来听听，谁的观点更有道理吧。

小明：小丽，你又买新衣服啦！这件你穿上不太好看，显得胳膊特别粗。

小丽：你懂什么呀，这是今年最流行的，你太老土了吧！

小明：又是流行！流行也不一定就适合自己啊！也不能只赶时髦，不看自己适合不适合呀。

小丽：赶时髦怎么了？现代的青年人，谁不追求点儿时尚啊，你以为都跟你一样，这么老土！

小明：我是不追什么流行，我始终认为适合自己是最重要的，适合自己的气质、自己的身材、自己的年龄啊、职业啊……

小丽：得了吧，什么适合不适合的。你买新衣服是为了什么呢？为了漂亮吧！你说你十年前的一件衣服好看，适合你，但是现在看来肯定就不漂亮了，那因为什么啊？就是因为不流行了！时代在变！老土！

小明：那你说，流行追得过来吗？那得花多少钱啊。衣服还好，有的人手机啊、电脑啊这些电子产品也追求时尚，出一个什么新型号就买。咱们年轻人哪那么多钱，再说了，就算有钱也不能这么花呀！

小丽：那就看个人的经济实力了，人家有钱想追求什么就追求什么！

小明：对了，忘了给你看，这是我新买的“苹果”手机。

小丽：你看看，你看看，还说我呢，你还不是在赶时髦啊？你干吗不随便买个几百、一千的手机啊？还不是因为现在最新的“苹果”手机流行吗？

小明：才不是呢！我是需要它的功能，你看，这个手机不仅可以照相、听歌、看电影，还可以玩儿游戏呢。

小丽：哟，还真棒！过几天我也买一个，赶个时髦！

小明：你看看你！

一、听课文，判断正误

答案　1. 错　2. 对　3. 错　4. 错

3 艺术人生

第一部分

听一听

热身

录音 14

一、听小对话，选择正确答案

1. 男：你们北京人都喜欢看京剧吗？

   女：这可不一定，就我个人而言，京剧还是可以听听的，但大多数北京年轻人可是一点儿兴趣都没有。

   问：从对话中我们可以知道什么？

2. 男：这个画展上，你更喜欢哪个画家的作品？

   女：就内容而言，那个年轻画家的画儿更贴近我们年轻人的生活；但就技巧而言，我觉得那个老画家更好一些。你觉得呢？

   问：从对话中我们可以知道什么？

3. 女：你对油画感兴趣吗？这个周末有个画展，都是中国当代有名的油画作品，有没有兴趣一块儿去看看？

   男：油画我说不上喜欢，但也比在宿舍没事儿干好啊！

   问：男的是什么意思？

4. 男：喜欢摇滚乐吗？今天我们乐队在学校旁的小酒吧演出，晚上九点开始啊，有空儿来捧捧场！

   女：摇滚乐说不上喜欢，太吵了，但你的演出我一定得去啊！

   问：女的为什么会去看演出？

5. 男：新产品已经上市一个月了，销售部门也一直在努力，可是也没卖出去多少。得多做点儿广告，不做广告别人怎么知道有这个新产品呢！新产品必须做广告！
   女：你说了半天都没说到点子上，我觉得问题主要出在设计部门，这产品设计有问题，没有什么吸引人的地方，当然卖不出去了！
   问：女的认为新产品卖不出去，问题出在哪儿？
6. 男：租房子真没有安稳的感觉，但你说买房子吧，可以贷款是可以贷款，可首付也不少钱呢，就咱们俩这点儿工资，什么时候才能攒够啊？
   女：你是说到点子上了，谁不想买啊，还不都是钱的问题！
   问：女的是什么意思？
7. 男：看画展、看话剧、听交响乐、听摇滚乐，怎么这么多活动都赶在一起了，周末就两天，我怎么忙得过来啊！
   女：我也是恨不得把想做的都做了，可是不可能啊！哎呀，日子还长着呢，慢慢来吧。
   问：女的是什么意思？
8. 男：又网上购物呢？我看你是恨不得把所有好看的衣服全买了！
   女：什么呀！我在网上订话剧票呢。这个话剧反映的是中国现代年轻人的爱情生活，听说特有意思。要不早点儿订，到时候肯定买不到啦！
   问：女的上网想干什么？

答案 1. D 2. D 3. D 4. B 5. B 6. C 7. A 8. B

录音 15

二、下面你将听到一句话，听后请做出恰当的应答

1. A：这两个电影我看介绍都挺好看的，你觉得呢？
   B：________________（就……而言）
2. A：我新买的车刚开了 1000 公里，电子系统就出现了问题，他们说是我使用的问题，不能保修，你说气人不气人！
   B：________________（就……而言）
3. A：哟，小张的东西怎么到处放？这样多乱啊！
   B：________________（恨不得）
4. A：他撞了你，还骂人？这也太没礼貌了，你当时一定很生气吧？
   B：________________（恨不得）

录音 16

课文 文化生活

背景提示

画展、话剧、音乐会、演唱会，丰富的文化活动让我们的生活更精彩，也为了解现代中国、提升个人文化素养打开了一扇窗。

女：大山，周末我一个画油画的朋友在 798 艺术区举行个人画展，有兴趣吗？

男：有啊，老听别人说 798、798，我还没去过呢。

女：那正好，看完画展我们还可以在 798 逛逛，了解了解中国的现代艺术。

男：太棒了，来中国之后光在学校里上课，文化生活太单调了，今天正好说起来，你多给我介绍介绍吧。

女：北京的文化生活选择很多啊。就我个人而言啊，我比较喜欢看话剧，尤其是反映现代人生活的话剧。

男：话剧我倒是看过一次，说不上喜欢，因为没怎么看懂，可能我还得再多学一段时间吧。

女：全看懂对外国人来说是比较难。对了，你听中国歌儿吗？

男：听啊，我没来中国的时候就知道王力宏，到中国后我天天都听各种歌儿，我自己还唱呢。

女：哈哈，那王力宏开演唱会咱们可以去捧捧场。音乐呢？交响乐？摇滚乐？

男：你真是问到点子上了，摇滚乐可是我的最爱。

女：那有一个地方你一定要去。后海有一个摇滚乐酒吧，可以说是北京最好的摇滚乐吧了，每周六都有一些玩儿摇滚的音乐人来演出，很有意思。

男：那还等什么呢！心动不如行动啊，咱们这个周末就去吧！

女：怎么刚说完你就忘啦，这个周末不是去看我朋友的画展吗？别着急，日子还长着呢！

男：可是我恨不得现在就去！

二、听课文，判断正误

答案 1. 对　2. 错　3. 对　4. 对　5. 错　6. 对　7. 错　8. 对　9. 错

第二部分

听一听

录音 18

课文　话说京剧

● **背景提示**

“京剧”的英文翻译是Beijing opera，但是这个opera跟西方的opera可不是一回事，其中一点体现在观剧的文化上。看京剧有哪些文化呢？现在就让我们来了解一下。

男：小雨，你听京剧呢。

女：是大山啊，快进来。

男：我听说京剧一般都是老年人才听的，年轻人很少有人喜欢。

女：这你都知道啊？我呢，也说不上喜欢，但偶尔可以听听。

男：京剧我也听过，根本听不懂。对了，说起京剧，有一件事儿我到现在还不明白，正好问问你。

女：别客气，尽管问。

男：在我们国家看歌剧是一件高雅的事情，比如说呢，我们都会穿上正式场合穿的衣服，女的穿礼服裙，男的会穿西装打领带。上次学校组织去看京剧，我上午下课就开始准备了，好好打扮了一番，结果到了剧院发现跟我想象的完全不一样。中国人都穿着很普通的衣服，还有的穿牛仔裤呢。还有，竟然还一边看一边吃东西！这在我们国家是完全不可能的，让我太不能理解了！

女：哈哈哈哈。这也算是个文化差异吧，虽然京剧翻译成 Beijing opera，但是我觉得它跟西方歌剧有着根本的区别。中国的戏曲艺术大都来源于民间，属于市井文化，供普通人休闲消遣，并不是一种高雅艺术。而且从一开始人们就是边吃东西边喝茶边看的。

男：我好像明白点儿了，看来我要学的还多着呢！对了，京剧开场之前，我们在那儿喝茶，有个人过来给我们倒茶，他跟跳舞似的，然后隔着很远就把水倒进了杯子里，而且一点儿都没洒出去。

女：有意思吧？

男：可不是嘛，我对京剧本身还有些不太理解的地方，以后再好好向你请教。

女：行啊，没问题。

一、听课文，判断正误

答案　1. 对　2. 错　3. 错　4. 对　5. 对　6. 错　7. 错

4 网络时代

第一部分

听一听

热身

录音 20

一、听小对话，选择正确答案

1. 男：十年前我曾有过这样的经历，让爱情从我的手中溜走了，这次我一定不会再犯同样的错。

   女：你能这么想真是太好了，赶快给她打个电话吧。

   问：下面哪一项与男的的情况相符？

2. 男：这种事儿不像是小张做的，他一直挺热情的，再说他又不缺钱，犯不着这么做啊。

   女：不是缺不缺钱的问题，他不会眼看着让这么好的赚钱机会白白地从手中溜走吧？

   问：女的是什么意思？

3. 女：你怎么这么容易就相信小李了呢？这又不是他亲身经历的。

   男：可是他把很多细节都说得非常详细，就像在现场看着一切发生一样，真是不由得你不信啊！

   问：关于小李，下面哪一项是正确的？

4. 女：好多人都不喜欢这个电视台大楼的设计，你觉得怎么样？

   男：乍一看，是觉得有点儿奇怪，不过现在看惯了，觉得还挺漂亮的。

   问：男的是什么意思？

5. 男：你应该多向这些运动员学习学习，你看看人家，参加这么大的比赛还这么沉得住气、这么镇静，要是你，还不知道得紧张成什么样呢！

女：你说得有道理，我真该提高提高自己的心理素质。

问：男的为什么说“要向运动员学习”？

6. 男：小王怎么这样呢？跟他说先不要把我换工作的事儿告诉别人，他还是跟大家说了。

女：哎呀，你还不了解他吗？他就是这么一个沉不住气的人！

问：关于女的说的话，下面哪一项是正确的？

7. 女：恭喜你，这次没让爱情再从手中溜走，终于“有情人终成眷属”了啊！

男：是啊是啊，我们十一月的时候举行婚礼，你一定要来啊！

问：下面哪一项与男的的情况不符？

8. 男：昨天看球了吗？北京队在 0∶3 的情况下，队员们还那么沉得住气，一点儿都不慌张，连进 4 个球，最后以 4∶3 赢了。

女：是啊，进最后一个球的时候，我们都不由得鼓起掌来！真是太棒了！

问：下面哪一项与对话内容相符？

答案 1. D　2. B　3. B　4. B　5. C　6. C　7. D　8. D

录音 21

二、下面你将听到一句话，听后请做出恰当的应答

1. A：你为什么对他发这么大火？

B：______________________（居然）

2. A：昨天的晚会就缺小李，你没通知他吗？

B：______________________（居然）

3. A：我最喜欢的运动员竟然在比赛中摔倒了，退出了比赛，太让人伤心了。

B：______________________（不由得）

4. A：毕业都十年了，你看这是咱们班毕业时，全班同学和老师一起照的照片。

B：______________________（不由得）

5. A：你昨天见到王丽丽了？你觉得她怎么样？

B：______________________（乍一看）

6. A：你第一次看到汉字时有什么感觉？

B：______________________（乍一看）

录音 22

课文 相爱在微博

● 背景提示

微博是近几年兴起的一个网络传播工具。相比传统博客，微博的字数限制在140字以内，更简单、更容易使用，更加符合现代人的生活节奏和习惯。微博作为一种新兴的交流工具，走进了普通民众的生活，有人甚至用微博来求婚。我们来听听下面这个真实的故事。

李：大家好，我叫李琪缘。很多网友对我和权静的感情故事很感兴趣。确实正如大家知道的，我们完全是通过微博相识、相恋一直到求婚、结婚。一年前，在一次互联网大会上，我见到了权静，我们一见如故。其实在这之前我已经关注她很久了。可以说，我是她的粉丝。

权：哈哈，我记得有一次李琪缘通过微博向现场的嘉宾提出了一个问题，那个问题问得很好，这件事给我留下了深刻的印象，但是对他这个人还是没有太多感觉，我居然还把他的名字记错了。不过后来，我们经常用微博联系，聊得很开心。我就不由得对他产生了好感。

李：因为我们俩都是在网络公司工作，从加关注开始，到发评论，成粉丝，再到互发私信。相识、相知、相恋的全过程都没有离开微博的帮助。这个过程当中，我们对对方都有好感，但权静是个沉得住气的人，而我比较直接。当时我想，这么好的姑娘，我绝不能让她从身边溜走。我还记得我是用微博向她求婚的，我说："我爱你，嫁给我吧！希望我们能一起实现我们的梦想——建立一个幸福的家庭！"

权：当时我看到这条求婚微博很感动，也觉得很幸福。不过在答应之前，我还想给他出个难题。我就用微博回复道：好吧，既然是通过微博认识的，那就提个与此有关的要求吧。如果能有一万个人帮你转发这条微博，我就同意嫁给你！"

李：一万个人转发！乍一看，这不是一个简单的任务。多亏了权静的粉丝们，他们在第一时间注意到了这种新奇的求婚方式，纷纷发来祝福的话，转发的人数越来越多。不到8个小时，转发数量就超过了一万。最终有3万多人帮我转发，见证了我们的幸福，我们也见识了网络的力量。

权：其实今天和朋友们分享我们的爱情故事，并不是想表现我们的爱情有多浪漫，我们想说的是在当今的网络时代，网络改变着我们的生活，只要你勇于尝试，一切皆有可能。

一、听课文，选出课文中提到的对微博的介绍

参考答案 是一种网络交流工具　对字数有限制　受到很多人的欢迎　使用起来很简单

三、填表后完成表达练习

参考答案 动词：评论、关注、回复、转发

加粉丝、加关注，发微博、发图片

第二部分

听一听

录音 24

课文　网络谣言满天飞

● 背景提示

网络现在的确已经成为人们生活中不可缺少的部分。网络让人们获得了更快更丰富的信息，但也带来了一些问题。请听下面的新闻。

主持人：大家应该还记得 2011 年 6 月 23 号下午北京遭遇的强暴雨天气吧。突然到来的暴雨让很多人措手不及，而热心的网友们呢，也纷纷通过微博来发布各处积水的照片。更有些网友将这些照片汇集起来叫作“北京暴雨七景”，还分别给每张照片起了名字。这一套暴雨照片，因为它的鲜活和幽默引起了广泛的关注。然而记者在多方调查后发现，这所谓的“北京暴雨七景”中，竟然有三张照片是假的。这位网友，这些照片你看过吗？你认为照片可信吗？

网　友：第一，当时呢，这些照片看起来非常熟悉；第二点呢，我那天正好也在北京，感觉雨并没有微博照片上那么大。然后我经过比较发现，有三张照片水分很大。其中两张照片是 2004 年的，另外一张首都机场跑道被淹的照片，是使用了海南一个机场的照片。

主持人：你本人也有微博吗？你对在微博上发言是什么态度？

网　友：我个人认为写微博应该真实，特别是在发照片时应该慎重。如果是发一些风景啊、饮食的图片还好，不会有什么大问题，但如果是有人的图片发出去，有的时候可能会给照片中的人造成伤害。

主持人：有句话叫"眼见为实，耳听为虚"，可是现在眼睛见到的也未必是真实的了。这些发布假消息假照片的人呢，我觉得他们主要是希望自己发布的消息能够被更多的人注意到，能够被更多人转发，能够吸引更多人进行广泛的讨论，这样就会有更多的人去关注他们。所以说啊，谣言这种东西啊，有人制造，有人相信，有人传播，现在网络这个新媒体呢，似乎正在成为造假和传播谣言的最好的地方。有人编辑，有人转发，有人评论，都是手指动动的事儿。谣言瞬间变成真理的事儿，几乎每天都在网络上发生。面对这个问题，我们又该怎么办呢？

一、听课文，判断正误

答案 1. 对　2. 对　3. 错　4. 对　5. 对　6. 对

复习一

听力部分

录音 25

一、听小对话，选择正确答案

1. 男：小李太不像话了，老是不回家，家里的事一点儿都不管，哪天我得说说他。

   女：得了吧你。人家家里的事儿，咱管得着吗？

   问：女的是什么意思？

2. 女：咱们回趟家，又要坐火车，又要坐汽车，时间太长了，再加上春节期间火车票那么不好买，咱们还不如去国外旅行呢。

   男：那哪行啊！春节是最大的节日，老人们特别重视这个节日，他们就盼着跟咱们吃团圆饭呢。咱们要是不回去，他们肯定特别失望。

   问：从对话中可以知道什么？

3. 男：怎么了，一脸不高兴的样子？

   女：在地铁上，一个人踩了我一脚，连句道歉的话也不说，真气人。

   男：嗐，何必为这种人生气呢？犯不着。

   问：男的是什么语气？

4. 女：过去中国人去戏院看京剧都是边吃东西边喝茶边看，看到演员表演得好的地方还会大声叫好，现在老舍茶馆还保留着这样的传统。

   男：你这么一说弄得我心里痒痒的，我从来没听说过看戏还可以一边吃东西一边看，这在我们国家会被认为是不尊重演员，我一定得找时间去一趟老舍茶馆。哎，你有空儿的话，陪我一起去怎么样？

   女：没问题。

   问：关于在中国戏院看戏，下面哪一项是不正确的？

5. 男：新闻上说，发生地震之前，小狗总会比人先有感觉。家住汶川的王女士家的狗在汶川地震发生前几分钟，死活把它的主人往屋外拉，主人觉得很奇怪。结果她和小狗从屋子里出来不久，地震就发生了，小狗救了主人一命。

女：我也听说了，动物的感觉要比我们人类强多了。

问：下面哪一项与对话内容相符？

6. 女：爸爸，假期能不能满足我的三个愿望？一是带我去旅行，二是我每天都能吃一个冰激凌，三是……

男：不管怎么说，你得先答应我一个条件，就是通过这次考试。只要通过了，别说三个愿望，三十个愿望都没问题。

问：男的是什么意思？

7. 女：爸，您看我的脸多宽啊？我得去整整容，整一个小脸。

男：你的脸宽什么呀？我没觉得你这样不好看。长成什么样，都是父母给的。

女：可是还有一句话说“先天不足，后天可补”呢，所以我可以补一补。

男：我不许你整容，现在整容失败的例子还少啊？

问：下面哪一项与对话内容不符？

8. 男：今天去的这家公司怎么样？

女：工资还行吧，离家也挺近的。

男：那你何乐而不为呢？现在哪儿找得到十全十美的工作啊。

问：男的是什么意思？

9. 女：李强也见过不少女孩了，不是嫌别人不漂亮，就是嫌人家性格不好。这下可好，都快奔四十的人了还没找到对象。

男：不用替他操心，他都不急，你急什么？

问：他们在谈论什么？

10. 男：我好不容易说服我爸把车借给我开，可是昨天晚上我把车撞坏了，我真不知道该怎么跟他说。

女：你就跟他说实话吧，好在你人没事儿，他也不会太生气。

问：下面哪一项与对话内容相符？

11. 女：小李怎么不来吃饭？

男：他自己带饭了，不跟我们一起吃。

女：他真是省钱省到家了。他又不用买房，家里就一个孩子，挣那么多钱，干吗老这么省啊！

男：你可别这么说他，他现在帮助了好几个贫困孩子，帮他们交学费，每个月不少钱呢。

问：下面哪一项与对话内容相符？

12. 男：你们下午都有什么活动呢？

女：下午一般有各种讲座，还有太极拳辅导班、球类活动等等。学校活动挺丰富的，不过同学们各有各的安排。

问：关于同学们下午的安排，下面哪一项与对话内容相符？

13. 女：一个月前我就把安排出差的事情交给小张去做了，半个月过去了，他还什么都没做呢，你说他这个人怎么这样啊？

男：你看看，我跟你说过他这个人做事不认真，重要的事情不能交给他做，你还不听。

问：下面哪一项与对话内容相符？

14. 男：我真不明白现在的孩子到底在想什么，他们整天都在谈论明星、减肥、美容……就不能做点儿正经事儿吗？

女：就是闲得没事儿，想找点儿事儿干呗。

男：你真的是说到点子上了。

问：下面哪一项与对话内容相符？

15. 女：昨天我们班的几个同学去KTV唱歌，王新也去了。

男：他也去了？不是都说他唱歌跑调吗？

女：谁说的？人家一点儿都不跑调，而且唱得还挺好的。

问：下面哪一项与对话内容相符？

16. 男：我该怎么办呢？明年有个机会可以出国实习，但是明年我还要写毕业论文，要是出国就要延长一年毕业，我想来想去还是不去了。

女：别让机会从手中溜走，出去吧，不就晚一年毕业吗？

男：说的也是啊。

问：从对话中可以知道什么？

17. 女：哎呀，演出就要开始了，化妆师还没到，怎么办呢？

男：沉住气，别着急。他可能有什么事耽误了，实在来不了也没关系，咱们可以自己化。

问：男的是什么语气？

18. 男：今天公司开会，经理说了，我们去年的国外贸易增长了30%，国内贸易增长了50%。

女：真的吗？你确定他的话没有水分吗？要是这样，为什么没给大家涨工资？

问：女的是什么语气？

19. 女：我真受不了我的室友，她总是在淘宝网上买衣服，看到哪个模特穿的衣服漂亮就买，也不看看适合不适合自己，还总问“你看我穿着漂亮吗”，你说我能说什么？

男：你要是说漂亮那是害她，你要是说不漂亮，她可能又会生气，真是不好办。

女：可不是嘛。

问：从对话中可以知道什么？

20. 男：刚出了一款手机，样子好看，功能也比以前多了，我想换一个。

女：你呀，你现在的手机用了不到一年，就要换。手机每年都出新的，价钱又那么贵，就你那点儿收入，你追得过来吗？

问：下面哪一项与男的的情况相符？

答案 1. D　2. C　3. C　4. A　5. A　6. B　7. C　8. A　9. B　10. A
11. A　12. A　13. B　14. C　15. A　16. D　17. C　18. B　19. D　20. B

录音 26

二、听短文，听后复述

短文一　中学生与时尚

甲：我个人认为，追求时尚并没有什么不好，而且作为当代青少年，就应该尝试新的事物，这样才能跟得上时代，跟得上社会。

乙：你看看现在的中学生，他们在穿衣服、打扮、化妆上都花费了太多的精力，把自己弄得像明星一样，有的化得脸上花花绿绿，头发染得五颜六色的，当然，每个人都爱美，但也要适度吧，得根据年龄、根据经济能力而定吧。

丙：我觉得中学生都还没有什么收入，所有的钱都是父母给的，难道他们没有想过身上所谓的时尚都是父母的血汗钱吗？当他们漂亮地出现在大家面前的时候，该想想父母在干什么？他们正在辛苦地工作，可能还穿着好几年前的旧衣服呢！

丁：在我看来，青少年是祖国的未来，应该多做一些对国家有益的事情，应该追求一些有益的“时尚”，不追求没有价值、没有用的“时尚”。只要追求的方法正确，方式得当，那么时尚就不是什么坏事。

短文二　月光族

27岁的小宁，在一家公司做销售，月收入3000元左右，至今仍然单身，标准的“一人吃饱，全家不饿”的年纪，可小宁也没存下什么钱。她经常用这样一句话嘲笑自己：外表风光，口袋空空。“女孩子谁不爱打扮？平常美容、买衣服都比较多，很容易就成了月光族，月底就只能预支信用卡了。”小宁无奈地解释着，说这种习惯从刚毕业就养成了。不过她也很无奈，女孩子逛街都是两三个人搭伴儿，有意无意地会攀比。“我和同学一块儿逛街，她今天买了一个包，我肯定想买一个帽子回去；今天她买一双鞋，我就想买件衣服回去。不然我就特别没面子。”

如果买衣服只要求舒适合身，小宁说可以省下一大笔钱。而现实生活中，牌子、风格、款式，甚至价格……这些看起来好像是花在自己身上的钱，其实多半是为了给别人看的。朋友交际时，都会互相打听。

小宁也试着用减少逛街次数的办法来限制消费，可是只要买了一件新衣服，就要搭配合适的鞋子、包，还有装饰品，口袋里的钱就像河水一样不停地往外流，再加上必不可少的房租、水电费、电话费、交通费，3000元远远满足不了她的生活需求，信用卡从一张办到三张。“每个月发工资，我都得先给这几张信用卡还款，还不能一次还清。真想早点儿结束月光族的生活。”都市月光族的特点是：外表风光囊中羞涩，潇洒背后是苦笑。

（文章来源：大河网　牛奔舒、张国超、邱延波）

5 青春偶像

第一部分

听一听

热身

录音 28

一、听小对话，选择正确答案

1. 男：这样的电影太无聊了，你也要看！要去你去，我可不去。
   女：嗐，不过是找个事儿放松一下而已，管它好看不好看呢。
   问：关于这个电影，下面哪一项与对话内容相符？
2. 女：以后再也不去那家烤肉店了，太差了！肉量小不说，服务也特别差，烤肉盘子都糊了，也不给换。
   男：你吃饱了撑的上那儿去吃饭！上次去那儿就生了一肚子气，你怎么忘了？
   问：男的是什么语气？
3. 男：我想好了，如果我们老板再不给我涨工资，我就上他办公室骂他去。
   女：你这样做就太过激了。
   问：从对话中可以知道什么？
4. 女：我对他说那是盲人走的路，不要把车停在那儿，他就骂我吃饱了撑的，你说可气不可气？
   男：算了，不值得跟这种没素质的人生气。来，喝点儿茶消消气。
   问：从对话中可以知道什么？
5. 男：现在这些所谓的青春偶像哪有什么真本事啊？你竟然还崇拜他们，我真不理解你。
   女：那又怎样？我就欣赏人家潇洒的样子。
   问：从对话中可以知道什么？

6. 女：你说的那个所谓的明星算什么呀！小贝多潇洒啊，球踢得又好，哪个足球运动员也比不上他。

　男：怪不得他的粉丝多数是女性呢，你们哪是看球啊，就是看帅哥！

　问：男的是什么语气？

7. 男：你是不是特别空虚啊？

　女：谁空虚啊？

　男：不空虚，你怎么会花那么多钱买飞机票去上海看演唱会？

　女：那又怎样？

　问：男的是什么语气？

8. 女：我以前的男朋友跟我分手一年多没联系，上星期他突然给我打电话说，他要结婚了，但是差 5 万块钱，问我能不能帮他，我竟然答应了，你说我是不是太白痴了？

　男：我看你是善良得过分了！

　问：从对话中可以知道什么？

答案　1. B　2. D　3. B　4. C　5. D　6. A　7. D　8. A

录音 29

二、下面你将听到一句话，听后请做出恰当的应答

1. A：你别这么大声说，让小兰听见会不高兴的。

　B：____________________（那又怎样？）

2. A：我觉得我的眼睛太小了，不好看，你看我是不是应该去整整？

　B：____________________（那又怎样？）

3. A：这次奥运会你一个人得了三块金牌，你有什么想对观众说的吗？

　B：____________________（一句话）

4. A：这件衣服款式不错，你觉得我穿着怎么样？

　B：____________________（一句话）

录音 30

课文 关于偶像的讨论

● 背景提示

你有偶像吗？如果有偶像，你选择偶像的标准是什么？你认为偶像对你的生活有影响吗？

主持人：中国有一个官方塑造的偶像——雷锋。雷锋这个名字在中国几乎没人不知道，他是全国人民的偶像。现在由官方塑造全民偶像的时代已经过去了。民间偶像更让人觉得亲切，比如国内的姚明、成龙；国外的乔丹、小贝、迈克尔•杰克逊，他们都有自己的一大批粉丝。年轻人是不是应该有偶像？以下是网友关于偶像的讨论：

男 1：我是大一的学生。我觉得偶像不一定只是在国内，有很多人梦想着像乔丹那样打球，像杰克逊那样唱歌。我的偶像是布拉德•皮特。我喜欢他扮演的角色，喜欢他的潇洒。不过我只是欣赏他而已，绝对不会做过激的行为。

女 1：我今年高三。我觉得我们要崇拜的不一定是某个人，而是他的某种精神，我觉得每个人都应该努力成为自己的偶像。

男 2：我今年刚参加工作。要我说，什么是偶像？就是呕吐的对象！我真不理解那些为偶像去死的人，明星偶像有什么了不起的！哪值得为他们做这么大的牺牲！真是白痴！

女 2：我今年初三。我就有偶像，那又怎样？我会同他们一起做慈善，还认识了一大帮粉丝，天南地北地聊，懂得了很多。人如果没有信仰，就跟动物没有区别了；一个社会如果没有信仰，就和动物世界没区别了。

男 3：我今年35岁。我不相信这个时代还有偶像，偶像都在历史里。现在所谓的偶像崇拜，代表的是疯狂和内心的空虚，只不过是自己骗自己而已…… 一句话：吃饱了撑的没事干。

一、听课文，判断正误

答案 1. 对　2. 错　3. 错　4. 对　5. 对　6. 对

第二部分

听一听

录音 32

课文　倾家荡产圆追星梦

● 背景提示

你是追星族吗？你会追着自己的偶像到处跑吗？你的父母一定不支持你这么做吧。如果做父母的也支持子女追星，你会怎么想？

主持人：玲玲从 2002 年开始迷上了歌星华仔，十多年来她退了学，也不工作，一心一意做“追星族”。最初她的父母劝她不要这样做，没劝动，后来就变成了支持。为了帮助女儿实现见到这位歌星的心愿，父母出钱供女儿到香港和北京去看华仔的演唱会。2007 年 9 月玲玲第一次随旅行团到香港，没有见到华仔；2009 年 10 月，父母借了 5000 元让玲玲到北京看华仔的演唱会，但因为离得太远，没看清，玲玲很失望；2010 年，父亲又找亲戚借了一笔钱，让玲玲到香港旅游，可惜还是没见到华仔；2011 年 3 月，女儿想单独见华仔，于是已经一贫如洗的父亲不得已把房子卖了，让玲玲到香港去，但她父亲却嫌华仔没有满足女儿“单独见面”的要求，跳海自杀了。“玲玲事件”发生以后，大家对这件事各有各的看法。你们是怎么看的呢？

男：玲玲把自己的青春都浪费在了追星上，真是太可惜了！

女：是啊，还有她的父亲，为了女儿的疯狂追星付出了生命，把一个幸福的家庭给毁了。

男：就是。爱孩子是好的，但也要看用什么样的方式去爱。像玲玲的父母这样，支持孩子追着歌星满世界跑，就太过分了。这样的溺爱只会毁了孩子。

女：有一点不知你注意到了没有，这个事件中，自杀的人不是玲玲，而是她父亲！

男：是啊，女儿想不开，做父亲的也这么想不开！

女：这个父亲的遗书里有一句话说：自己的家庭现在除了三条命之外，什么都没有了。我想他选择自杀，是因为他已经对生活绝望了。

男：他可真是一个失败的父亲。

女：我觉得媒体也有很大责任。他们对这个事件的报道有些过头，他们实际上充当了“杀害”玲玲父亲的“凶手”。与大陆媒体的报道相比，香港媒体就理智多了，他们认为玲玲是丧失了理智。

男：哎，从哪个角度讲这都是很悲哀的。

一、听课文，判断正误

1. 玲玲的父母对她追星的态度是什么？
2. 下面哪一项不是玲玲追星做过的事？
3. 玲玲的父亲自杀的主要原因是什么？
4. 怎么评价玲玲的父母比较合适？
5. 玲玲追星的悲剧对社会有什么意义？

答案 1. B　2. D　3. A　4. D　5. C

6 亲子关系

第一部分

听一听

热身

录音 34

一、听小对话，选择正确答案

1. 女：这些孩子小小年纪就比来比去：谁家的车高级，谁住的房子大，谁去过的国家多。
   男：好家伙！什么都比，就是不比比谁的学习成绩好。
   问：这些孩子不喜欢比什么？
2. 女：小明个儿长了不少，但怎么还那么瘦呢？
   男：他太挑食了，这个不吃，那个不吃，他妹妹都比他重 10 斤。
   问：男的是什么意思？
3. 男：刚才听力课下课后去找你，想借阅读课课本，看你和老师聊得很开心。
   女：哦，我们刚才上文化课，我问了老师几个和流行语有关的问题，我觉得很有意思。从这些词汇可以看出时代、文化和观念的变化。
   问：女的和老师谈了什么？
4. 女：这次的校园事件影响可真大，电视台、电台、报纸、网站几天来都在关注这件事情。
   男：是啊，大家都对这件事评头论足。前几天，我的老师还因为这件事接受了青年报的采访。
   问：下面哪一项与对话内容相符？
5. 女：以前王东是个问题学生，旷课、逃学、抽烟、喝酒、打架。他妈给他找心理医生，请辅导老师，都不管用。

男：瞧瞧人家现在多有出息啊！

问：关于王东，下面哪一项与对话内容不符？

6. 男：莉莉这人就爱对人评头论足的，你别太放在心上。

女：我们一直像好姐妹一样，在一起玩儿的时候都很开心。真没想到，在背地里，她会这样怀疑我，不信任我，这真叫人难过。

问：女的怎么了？

7. 男：今天不是去你叔叔家了吗？怎么一脸不高兴地回来了？

女：累死我了。回来的时候可真倒霉，等公交车等了快半小时才来，没坐几站，公交车就走不动了，售票员让我们下车，我看时间不早了，就打了个车，没想到这出租车又追尾了，我只好走回来了。谢天谢地终于到家了。

问：女的是怎么回来的？

8. 男：这件事你妈说了算，如果你妈同意，我们马上订机票。

女：哎，你做做我妈的工作。我们同学说那儿可好玩儿了，他们都去过好几次了。

问：他们可能在谈论什么？

答案 1. C 2. A 3. B 4. A 5. C 6. A 7. D 8. C

录音 35

二、下面你将听到一句话，听后请做出恰当的应答

1. A：这个月我在淘宝网上开的网店挣了 1 万多。

   B：________________（好家伙）

2. A：他每门考试都得了 90 分以上。

   B：________________（好家伙）

3. A：什么，你的钱被偷了？快看看，那些证件、银行卡还在吗？

   B：________________（谢天谢地）

4. A：昨天上班第一天，没迟到吧？

   B：________________（谢天谢地）

录音 36

课文　“中国妈妈”

● **背景提示**

在你的心目中，妈妈是什么形象？“中国妈妈”又是什么形象呢？

男：这几天，网络上一篇关于“中国妈妈”的文章你看了吗？

女：当然看了！好家伙，真没想到网友的反应那么强烈。

男：在国外学生、家长眼中，“中国妈妈”爱攀比，人家孩子学钢琴，“中国妈妈”的孩子也要学；人家孩子考上名牌大学，“中国妈妈”也会这样要求自己的孩子。

女：在很多人眼中，“中国妈妈”确实不算个好词。她们经常干涉孩子的生活，比如她们会对你交的男女朋友评头论足，有的妈妈甚至不许孩子在上高中或大学期间谈恋爱。什么事都是妈妈说了算。

男：所以有人说“中国妈妈”像只老母鸡，孩子如同小鸡，小鸡总要靠母鸡的翅膀来保护。“中国妈妈”总是管得太多太死，不给孩子自由。在西方家庭，孩子说自己想当汽车修理工，父母会高兴地鼓励他；如果换作中国家庭，你猜会怎样？

女：肯定一脸不高兴，嫌孩子“没出息”。最近“我妈嫌我”成了网络流行语：“我妈嫌我挑食”，“我妈嫌我乱花钱”，“我妈嫌我回家晚”。

男：的确，她们是最操心的妈妈。谢天谢地，中国的父母正在改变，因为父母对孩子的爱让他们愿意去改变。

一、听课文，判断正误

答案　1. 对　2. 错　3. 对　4. 对　5. 错　6. 对　7. 对　8. 对

第二部分

听一听

录音 38

课文 你爱冒险吗

● 背景提示

有些运动是有危险的，比如滑雪、赛摩托车等，轻者受伤，重者死亡，可是仍有很多男孩子喜欢冒险。家长该怎么对待男孩子的冒险行为呢？请听下面的采访。

女：王强，你小的时候是怎样一个孩子？

男：我小的时候算得上是个野孩子吧。

女：这话怎么讲？

男：我是很喜欢冒险的。我上小学和中学时喜欢的运动里，很多都是有一定危险的，比如说滑板、摩托车运动、滑雪、冲浪等等。

女：你做这些运动的时候不计后果吗？

男：小孩子不知道轻重，特别是男孩子，哪知道怕啊？小时候就喜欢玩儿点儿刺激的、有挑战性的。

女：你父母也不反对吗？

男：父母会提醒我注意安全，但是不会反对。我学习滑雪还是我爸爸教的呢，那时我还在上小学。后来大了，我想做什么跟父母说一下，他们就会给我报名去参加训练。

女：你真幸运，有这么理解你、支持你的父母。

男：我是挺感激他们的。

女：听说你小时候有过冒险受伤的经历，伤得还很重，当时医生对你的诊断是以后很可能下不了地了，是这样吗？

男：是的，我能恢复行动是很幸运的。我原来冒起险来不计后果。那次是因为淘气，我爬上了一个屋顶玩儿，不小心掉下来，摔断了脊柱。从那以后我的思想才有些转变，我想我如果真的死掉了，那一切就都完了。所以我开始汲取教训，特别是在做了父亲之后，做任何事时都会一直对自己说："安全第一，安全第一。"

女：就是说到现在你也还是喜欢冒险。

男：嗯，也不完全是冒险，只是喜欢挑战自己。

女：那今后你的孩子长大了，如果也想做冒险的活动，你会采取什么态度？会不会反对？

男：我不会反对的，因为这会适得其反。往往是大人越是反对，孩子越是要做，我认为冒险和挑战自己能够锻炼一个人的意志，将来走上社会碰到困难时不会畏惧，做事会更执着。

女：嗯，你的成功就可以证明这一点。

一、听课文，选择正确答案

1. 王强为什么说自己小时候是个野孩子？
2. 关于王强的父母，下面哪一项与对话内容相符？
3. 他那次受伤情况怎么样？
4. 什么原因让他开始注意安全了？
5. 关于孩子冒险，课文中没有提到下面哪一点？

答案 1. B　2. A　3. C　4. A　5. D

7 学校教育

第一部分

听一听

热身

录音 40

一、听小对话，选择正确答案

1. 女：王伟，你真不简单啊，那么长的诗，你都能背下来！

   男：小时候就背过，到了中学又学过，已经忘不了了。小时候是我爷爷教我的，我那时也不懂什么意思，就跟着爷爷重复。上中学听老师讲课才了解了诗的意思，才知道这是一首爱情诗。

   问：下面哪一项与对话内容相符？

2. 男：孩子才六岁，让他上这么多辅导班，他吃得消吗？

   女：吃不消也得上啊，现在的孩子哪个不是这样？总不能让他比别的孩子差吧。

   问：从对话中可以知道什么？

3. 女：你教育孩子还挺有方法的，你儿子不光学习好，还特别懂礼貌。

   男：那是。教育孩子不只是给他知识，更应该教育他怎么做人。

   问：男的是什么态度？

4. 男：咱们对门儿小刘家要搬家了。他们儿子明年上中学，小刘说准备让孩子上海淀区的学校。

   女：大家都知道海淀区好学校多，都往那儿挤，这样一来不就会把那里的房价炒高吗？现在海淀区的房价就已经比别的区高了。

   问：下面哪一项与对话内容不符？

5. 女：你换了新手机，以前那个手机的充电器就扔掉算了。

   男：别扔，说不定什么时候还能派上用场呢。

   女：你呀，就是爱存些没用的东西。

   问：从对话中可以知道什么？

6. 男：今天我在医院陪妈妈吧，你已经连着三天没回家休息了，这样谁也吃不消。

   女：你们公司现在正是忙的时候，你哪能离开？别担心，我能行。

   问：下面哪一项与对话内容相符？

7. 女：这次学校运动会就数你们班成绩好，有运动才能的都集中到你们班去了。

   男：那是。

   问：男的是什么语气？

8. 男：小兰，你现在已经当上了市场部经理，我看工作上的事差不多就行了，你年纪也不小了，该考虑生孩子了。

   女：这是个两难的问题。我要是这时候生孩子的话，就怕会丢了这个职位。

   男：可是，咱们总不能不要孩子啊。

   问：下面哪一项与对话内容相符？

答案 1. A　2. C　3. D　4. B　5. B　6. A　7. C　8. D

录音 41

二、下面你将听到一句话，听后请做出恰当的应答

1. A：你认为年轻人工作以后就不能再靠父母了，哪怕像买房子这样的事情，也不能向父母伸手要钱？

   B：________________________（那是）

2. A：真没想到你懂的还挺多的，连中国古代诗歌都懂！

   B：________________________（那是）

3. A：现在网络跟人们生活的关系太密切了，了解时事、购物、出行，哪个能离开网络啊？

   B：________________________（你别说）

4. A：你给小明报数学补习班，他喜欢上吗？

   B：________________________（你别说）

5. A：这里的冬天真干燥。

   B：________________________（话又说回来）

6. A：现在的孩子真忙，放学后还要去不同的兴趣班。

   B：________________________（话又说回来）

录音 42

课文　这样灌输对吗

● **背景提示**

你喜欢背书吗？你小的时候父母强迫过你背书吗？你背过的东西现在还记得住吗？

男：小敏，你小的时候背没背过什么？

女：背过唐诗、宋词什么的。中国小孩子差不多都背过啊。因为中国人认为小孩子三四岁、五六岁的时候记性最好，让孩子接受经典东西最好的办法就是死记硬背，不用追求理解，等他长大了，慢慢地就懂了。

男：对，我记得我小的时候，爷爷教我李白的诗"床前明月光，疑是地上霜"，我也不知道是什么意思，他说一句，我就跟着他说一句，就这样记住了很多唐诗，有很多到现在都没有忘记。

女：后来上小学和中学的时候，老师要求背课文，你别说，那时背过的东西，需要用的时候，现在还能脱口而出呢。

男：那是，就好像刻在脑子里似的，用的时候还真能派上用场。虽然也不是所有的都有用，但还是能开发思维，训练记忆力。其实以前背诵的东西也有一些是有问题的，比如说"昔孟母，择邻处"，现在这些孩子长大了，都为自己的下一代能上好学校搬家，把学校周边的房价都炒高了。而且背书经常是件很痛苦的事情。

女：对啊，最近我有一个好朋友的孩子因为父母让他背书吃不消了，跟爸爸妈妈吵架，他振振有词地问父母：我请问你们让我背这些有什么好处呢？结果父母也答不出来。

男：这就是因为他们的父母以前就是这样让他们背的，所以现在他们也让自己的孩子背。美国有一个笑话，说一个妇女每次煮肉都把会把肉剁两半，再放到锅里去炖，人家问她："你为什么剁两半？"她说："不知道，因为我妈就剁两半。"后来去追问她妈，她妈说"我也不知道"，然后去追问她外婆，她外婆说："因为我们那时候家里穷，锅比较小，所以每次只能煮一半，就把肉剁成两半。"这个笑话说明了人们常缺少自己的看法。

女：对呀，耳濡目染的东西常常就变成了人们做事的习惯，这就是灌输的结果。

男：话又说回来，如果给他灌输的是正确的价值观，会对他的人生有意义，但如果灌输的东西是错误的话，则会影响他对人生价值的判断。死记硬背的东西不是他自己的，他只知道这是他必须做的，当他碰到两难的事情，要做出选择的时候，他就不知道怎么办了，因为他会发现长辈教他的东西，其实他们自己也做不到，原来长辈是骗他的，他就会对这个信条产生怀疑，然后他可能就会抛弃这个信条。这是我认为最大的问题。

女：是啊，那样的话就是我们教育最大的失败。

一、听课文，判断正误

答案 1. 对　2. 对　3. 错　4. 对　5. 错　6. 对　7. 对

第二部分

听一听

录音 44

课文　记忆中的高考

● 背景提示

提起高考你会想到什么？高考给你留下了怎样的印象？

男：高中生活中你印象最深的是什么？

女：高中生活中印象最深的就是玩儿命学习。每天我都觉得时间不够用，经常熬夜，都成熊猫眼了。

男：我们也一样。一进入高三，老师、家长都开始强调学习、学习，不能再玩儿了。每天过着两点一线的生活，从家到学校，从学校到家。那时候，最高兴的就是放学后去操场踢一会儿球，出一身汗，轻松不少。

女：我那时候最享受的就是去补习班，因为历史老师会让我们看录像，这让我一下子对历史产生了兴趣。我现在还有点儿后悔，当时选专业的时候，我要是学历史就好了。

男：高考的时候你紧张吗？

女：考试的时候我还真没怎么慌。我在高考前几天天天想象我坐在高考考场上是什么状态，到了高考那一天我忽然觉得这一切对我来说非常熟悉了，就不再害怕了。

男：真不愧是好学生，你还挺有办法的。每个高中毕业生没有不痛恨高考的，可是现在回忆起来，高考还是很让人怀念的。特别是考完后同学们一起去毕业旅行，那真是前所未有的开心。

女：我也感谢高考，它给了我自己选择人生的一次机会，它让我学会管理时间和管理自己。但它也留下一些后遗症，直到现在，有时候压力大、心情紧张的时候，在夜里我还会梦到高考，比如考试了找不到考场，睡过头了，迟到了等等。

一、听课文，判断正误

答案 1. 对　2. 对　3. 错　4. 错　5. 错　6. 对

8 人际交往

第一部分

听一听

热身

录音 46

一、听小对话，选择正确答案

1. 女：老李，你要是对这个新计划有什么看法，尽管说，说出来，咱们可以改进嘛。
   男：没什么意见，我真觉得这个计划做得挺好的。
   问：男的是什么态度？
2. 男：曼玉，你的生活也该减减速了，不要给自己安排这么多事，除非你也想走你们办公室老李的路。
   女：我也是想减速，我也知道这样发展下去的话后果是什么，可是我现在是没办法啊！
   问：从对话中可以知道什么？
3. 男：大夫，我最近一段时间总是觉得很累、浑身没劲儿，对什么事都提不起兴趣，您说这是怎么回事？
   女：听你说的这些征状很像亚健康。我看你也不用担心自己得了什么病，首先调整一下生活，其次别给自己压力。过一段时间，如果没有好转，你再来找我。
   男：好吧，我听您的。
   问：下面哪一项与对话内容不符？
4. 女：王总，我家里最近老人和孩子都病了，我实在是忙不开了，想请一星期假，你看行吗？
   男：怎么说呢，要说你家有困难，本来应该同意你请假。可是 A 计划是你负责的，现在又正是忙的时候，你不在很多工作很难进行，我看你还是想想别的办法吧。
   问：从对话中可以知道什么？

5. 男：像你这样工作忙又不能保证上健身房去运动的人，想减肥的话，可以跑步。跑步不受时间限制，什么时候都可以跑，而且也不要求场地，公园里、小区里，甚至马路上都可以跑。

女：这个我知道，我也听别的同事说，她们跑了半年，减肥效果不错。

男：明知跑步不错，你为什么不跑呢？

问：下面哪一项与对话内容不符？

6. 女：家里的事你什么都不管。房间乱了，你从来没收拾过；米吃完了，油没了，也没见你主动去买。

男：你说的这些都是鸡毛蒜皮的小事儿，我努力工作，给家里挣钱，这就是对家庭最大的贡献。

问：下面哪一项与男的的情况相符？

7. 女：小李，咱们俩干的是同样的工作，你怎么看着比我轻松多了呢？

男：这你就得向我学了，我会安排时间。可你呢，从来不做计划，所以你看起来总是在忙。

问：从对话中可以知道什么？

8. 男：你们去玩儿吧，我不跟你们去了，我昨晚失眠了，今天没精神。

女：玩儿可少不了你，坚持一下吧，也许玩儿累了，今晚能睡个好觉呢。

问：从对话中可以知道什么？

答案 1. A　2. B　3. D　4. A　5. C　6. B　7. C　8. D

录音 47

二、下面你将听到一句话，听后请做出恰当的应答

1. A：我发现你的作文里有点儿问题，我可以给你改吗？

B：＿＿＿＿＿＿＿＿＿＿（有什么……尽管……）

2. A：我有句话不知道该说不该说？

B：＿＿＿＿＿＿＿＿＿＿（有什么……尽管……）

3. A：我的一个朋友总是向我借钱，一次两次我都借给他了，可是总这样让我觉得挺不舒服的。真不知道怎么办好。

B：＿＿＿＿＿＿＿＿＿＿（……呢）

4. A：快毕业了，我现在决定不下来的是在北京找工作，还是去上海找。

B：＿＿＿＿＿＿＿＿＿＿（……呢）

5. A：我知道小明特别爱面子，所以我故意在同学聚会上提出来跟他分手。

B：＿＿＿＿＿＿＿＿＿＿（明知……，为什么……）

6. A：唉，晚上喝了点儿咖啡，一夜没睡。我对咖啡特别敏感，中午喝一杯，晚上都睡不着。

B：________________（明知……，为什么……）

录音 48

课 文 对话压力

● **背景提示**

现代社会快节奏的生活和工作压力让很多人不适应，为此有些人年纪轻轻就患上了高血压，还有些人出现了心理问题，甚至还有些人得了抑郁症。在这种情况下，他们向心理专家发出了求救。

网友：专家，您好！我有很多问题要向您请教，希望您能帮帮我。

专家：这位网友好，有什么问题你尽管说吧。

网友：我的工作经常要加班，我女朋友不理解我，她觉得我是找借口不跟她见面。当我们好不容易见上面的时候，她又不停地责怪我，搞得我心里很烦。您说我该怎么办？

专家：怎么说呢，你女朋友的态度对于正处在恋爱阶段的年轻女性来说，也是可以理解的。你呢，还是要尽量把你的情况向她解释清楚。另外，你可以把每次的约会精心安排一下儿，给女朋友一些惊喜，她就不会在意你忙了。

网友：还有，我经常感觉很累，浑身没劲儿，您看我是不是可以吃点儿什么药？

专家：我不建议吃药，当然除非你本来就体弱多病。你这么年轻，还是应该采用一些积极的方法。

网友：您一定是建议我做运动吧？

专家：正是。你明知运动很好，为什么不做呢？

网友：运动是不错，我也办过健身卡，但是因为总加班，不加班的时候就去会女朋友，有时候又被哥们儿招呼过去聚会什么的，运动的时间很难保证。

专家：有一个伟人说过一句话，时间就是海绵里的水。对于每个人来说，如果不善于做计划，可能每天总是很忙。

网友：我身边很多朋友、同事有头痛、失眠的问题，年纪轻轻就得了高血压，甚至还有的受不了压力得了抑郁症，最终选择自杀，我担心自己发展下去也会走他们的路。

专家：既然压力无所不在，我们就必须学会与压力共处。首先需要主动给自己减减速，不要在鸡毛蒜皮的事情上太斤斤计较；还有就是学会放弃一些东西，生活中不是什么东西都要得到，这样你就不会觉得很累了。

一、听课文，判断正误

答案 1. 对 2. 对 3. 错 4. 错 5. 错 6. 对 7. 对 8. 对

第二部分

听一听

录音 50

课文 拒绝别人很难

● 背景提示

当别人提出的请求你不愿意接受时，你会拒绝他吗？如果你自己被别人拒绝的话，你心里会有什么感受？让我们来听听下面两个人的心声。

男：工作上常会遇到有些事情你不愿意做，但是却不知道应不应该拒绝、如何拒绝的问题。就拿我们头儿来说，她总是对我呼来喝去的，一会儿让我干这个，一会儿又让我干那个，弄得我很烦。还有，前几天她请假，就把她的工作一股脑儿都丢给了我，我自己的事儿本来就忙不过来，哪还有时间帮她啊？而我又是一个新人，哪敢随便说“不”啊？害得我最近每天晚上加班。

女：其实不光是对领导，有时候对朋友也是这样。我有个朋友，性格外向，像个男孩子，爱说爱笑，跟她一起，我觉得很开心。可是她有个毛病，中午一起吃饭的时候，她总是不带钱，让我帮她垫上。我不是怕她不还我钱，就是觉得带点儿零钱也不是什么麻烦事啊，为什么总要借别人的呢？可是我又说不出口，怕她不高兴，我还不想失去这个朋友。

男：中国人都比较好面子，怕自己丢面子，也怕让别人没面子，所以我们经常害怕被别人拒绝，同时也不愿意或者不知道怎么去拒绝别人。但是很多时候，不拒绝别人，就会让自己很不舒服，让自己活得很累。所以，我现在想明白了，以后该拒绝的时候，就得拒绝。

女：其实如果人和人之间能够相互尊重，有些事情也就不会发生了。

一、听课文，判断正误

答案 1. 对 2. 错 3. 错 4. 对 5. 对

复习二

听力部分

录音 51

一、听小对话，选择正确答案

1. 女：你刚骑自行车骑了一个小时又要去打球，身体会吃不消的，别去了吧！

   男：我已经跟朋友约好了。

   问：下面哪一项与对话内容相符？

2. 女：晚餐最好少吃肉，吃那么多肉会发胖的。

   男：至于吗？又不是天天这么吃。这家餐厅的牛肉真是超级美味，该享受就享受。

   问：男的是什么意思？

3. 女：这周有什么好电影？

   男：我请你看《画皮》吧。

   女：这不是恐怖片吧？上次看了个恐怖片，害得我晚上都不敢去卫生间。

   问：下面哪一项与对话内容不符？

4. 男：商场里的人真多啊！

   女：就是！还有一个星期就过春节了嘛！

   问：现在大概是什么时候？

5. 男：听说你最近忙得很，满世界都找不到你。你什么时候毕业啊？怎么现在就开始找工作了？

   女：我这算晚的。有的同学一年前就开始找工作了。

   问：下面哪一项与对话内容相符？

6. 女：你不是要租房子吗？这里有一个租房广告。

   男：我看看……，嗯，在学校东边，地方还不错，有地铁，还有 37 路公交车，交通也不错……好家伙，月租五千元，我还是找别的房子吧！

   问：下面哪一项与对话内容不符？

7. 女：你怎么全身是汗？你刚才去运动了吗？

男：我是跑着来学校的。早上要出发的时候才想起来我的自行车停在学校里，想打车又打不到车，坐公交车吧，好家伙，挤都挤不上去。我只好发挥一下自己的特长——跑步。谢天谢地，总算没有迟到。

问：男的为什么跑步去学校？

8. 男：怎么一星期都没看见你？上次去滑雪感觉怎么样？很开心吧？

女：别提了，自从那次滑雪回来，我就开始发烧、咳嗽，难受死了，早知道不去滑雪就好了。

问：女的是什么语气？

9. 男：你看你买了那么多衣服都没穿，还一个劲儿地买。

女：那又怎样？不是说女人的衣柜里永远少一件衣服吗？

问：女的是什么意思？

10. 女：大爷，请问，语言大学怎么走？我好像开过头了。

男：你从这儿调头，往南开，红绿灯往东开个三百米就到了，语言大学就在路北边。

问：女的是怎么去语言大学的？

11. 女：对于大学生打工这件事你怎么看？

男：一句话，不支持不反对。

女：我倒是非常支持大学生打工，他们利用课余时间锻炼一下有什么不好呢？

问：下面哪一项与对话内容相符？

12. 女：爸爸，假期带我们去海边度假吧。

男：这要和你妈商量，咱家你妈说了算。

问：男的是什么意思？

13. 男：爸爸每天加班，都没时间和我们一起吃晚饭，我们同学每周至少有一次和父母在饭馆吃饭呢。

女：你爸爸加班也是不得已的，忙过了这段时间就好了。

问：妈妈是什么意思？

14. 男：明天和我们的新朋友见面，我穿什么好呢？

女：怎么舒服就怎么穿吧，又不是去相亲，也不是什么正式的场合。

问：女的是什么意思？

15. 女：小李，上周你去面试的那家公司有消息了吗？

男：我看没希望了，有几个研究生条件比我好。我怎么处处不如别人呢？

女：想开点儿吧。可能他们的条件比你好，但也许你比他们更适合这份工作。

问：小李上星期做什么了？

16. 女：我丈夫不喜欢逛商场，可我喜欢他陪我一起去。

男：他不喜欢逛，你还喜欢让他一起去？这话怎么讲？

女：如果我自己去，总是买一堆没用的东西回家。如果我丈夫一起去，他总说这也不好，那也不好，我多少会控制一点儿。

问：下面哪一项与对话内容不符？

17. 男：昨天真倒霉，喝多了，结果手机丢了。

女：你不倒霉才怪呢，整天喝成那样。明知喝酒伤身体，为什么还要喝那么多呢？

问：女的是什么语气？

18. 女：当年我们准备高考，都是玩儿命地学习，不像现在的孩子，该玩儿就玩儿，该睡就睡，比我们当年轻松多了。

男：这算是时代的进步了。活得自在点儿多好！不过他们也有他们的烦恼。

问：他们当年是怎样学习的？

19. 女：如果真有世界末日那一天，你想做什么？

男：我嘛，该吃吃，该睡睡。放心吧，你不会那么幸运，你是看不到世界末日那一天的。什么都瞎担心，这不是杞人忧天吗？

问：关于世界末日，男的是什么样的心情？

20. 女：老师，请问，什么叫“拼族”？

男：“拼族”是现在流行的一种新的生活方式，是指有共同需要的人一起做一件事，也算是互相帮助吧。比如拼车、拼饭等等。拼车，就是说几个人一起乘坐一辆车，这样既节省费用又环保。

问：下面哪一项与对话内容不符？

答案 1. D　2. B　3. B　4. A　5. A　6. C　7. D　8. B　9. C　10. A
11. C　12. A　13. C　14. B　15. C　16. C　17. B　18. A　19. C　20. D

录音 52

二、听短文，听后复述

短文一　现代人的时髦生活

现代人喜欢追求时髦的生活，但时髦不一定代表着健康。近日，有专家指出，四大不健康生活方式正在危害都市人的健康，并会直接影响都市人的寿命。

一是夜生活。泡吧、唱卡拉 OK，是城市上班族社会交往的方式之一。然而，夜生活让人们不能保证足够的睡眠，生活不规律，会影响内分泌，降低免疫力。另外，酒吧和卡拉 OK 厅里的空气和噪音也会对健康造成很大影响。

二是网络生活。网络已成了现代人工作、娱乐不可缺少的一部分，它给人们的生活带来了极大的便利。但是，长时间上网，首先会使眼睛疲劳，损伤视力，其次还可能引起头痛、疲倦等症状。除此之外，还会增加肥胖的几率。因此，一定要控制上网时间，不要上下班都对着电脑。

三是空调生活。夏天，无论在家还是办公室，人们都喜欢把空调开得很低，以便有个舒适的温度和环境。但忽冷忽热、封闭的环境，很容易让人患上感冒和各种呼吸道疾病。因此专家建议人们多开窗通风，享受外面的新鲜空气。

四是防晒生活。不少女性担心被晒黑，想尽了一切办法，抹防晒霜，戴太阳镜，打太阳伞，戴遮阳帽。专家认为，暴晒的确会伤害皮肤，但适当晒太阳对健康帮助非常大，能促使人体内产生维生素 D，专家建议人们根据季节经常晒晒太阳。

短文二　电视台的生财之道

有一段时间全国各地电视台都搞起了超级女生和最美声音的节目，有两位歌手在 2012 年因为参加了南方一家电视台举办的大众歌手比赛，很快就出了名，吸引了一大批粉丝，并从此开始举办个人演唱会，发行唱片。另一家电视台搞了一台节目，帮助那些有特殊才能的人实现他们的梦想。这个节目受到了很多人的欢迎，一些普通人因此实现了自己的梦想。

这一类的电视节目确实塑造出了一些青年偶像和一大批粉丝，不过从节目中获得利益最多的还是电视台。因为这类节目非常吸引青年人，报名参加的人很多，电视台除了向每个参加者收取报名费以外，还通过广告、短信参与等方式获得很大收益，所以全国各地电视台都很愿意搞类似的活动。

不过也有人对这类活动很不理解。他们认为参加者，特别是女选手把自己当货物一样让人挑来挑去，这是对自己不尊重的表现，也显得自己不自爱。不过，不管人们对这种活动怎么看，节目的高收视率说明它有很大的观众群，而且不仅是电视台，现在就连大学里也有人搞起了这类活动。

9 问话道德

第一部分

听一听

热身

录音 54

一、听小对话，选择正确答案

1. 女：这个小赵，老李都同意了，他就是不同意，真是的。
   男：老李是老李，小赵是小赵。我要是小赵啊，我也不同意！
   问：男的是什么意思？
2. 女：年轻人嘛，让个座也是应该的，站一会儿也没关系嘛！再说了，谁都有老的时候不是？
   男：站一会儿是没什么，可是老人也应该表示一下不是？不能就那么理所当然地一句不说吧。再说了，我上一天班，也累着呢。
   女：好了，做好事是件高兴的事儿嘛，别这么不开心了。
   问：男的为什么不高兴？
3. 女：这个项目怎么着也该你负责啊，论资格、论能力，没人比你合适。
   男：话也不能这么说，这个项目是小李争取来的，让他干也是顺理成章的事儿。再说我手边还有一个项目，也忙不过来。
   问：男的是什么意思？
4. 女：你怎么又吃饭，你一天吃这么多，胃都吃坏了。
   男：我也是迫于无奈啊。医生非让我少抽点儿烟，告诉我只能吃饭以后抽一根，没办法，我必须得听他的建议啊。
   问：下面哪一项与对话内容相符？

5. 女：怎么了你？

男：老板跟我说，过几天他要跟我谈一谈，想给我换个工作。可能他最近对我很不满意。

女：你呀，想得太多了，他之所以要给你换工作，也可能是因为你干得好，所以要给你更重要的工作嘛，或者他想培养你，让你有更多的经验。

问：老板为什么要给他换工作？

6. 男：小李得了一等奖？我去告诉他，得让他请我们好好吃一顿。

女：先别急，这事儿还没公布呢，万一有变化，他不是白高兴一场吗？

问：下面哪一项与对话内容相符？

7. 女：芳芳说，这个假期想去日本旅游，我还没答应她，让她跟你说。

男：旅游啊……

女：我看啊，就说咱俩工作忙，没时间。

男：别啊，我们宝贝女儿好不容易提出个要求，不答应也得答应啊。要不……，跟她商量商量，别去日本了，咱去个近点儿的地方？

问：男的是什么意思？

8. 女：小李，你怎么了，从一上班就不高兴的样子，有什么烦恼？

男：也没什么，我跟老婆吵架，她说一个月不理我。

女：嗐，你们俩还没吵够啊。那正好啊，这一个月不用再吵架了，也不见得是什么坏事啊。

男：可是……，不幸的是……，今天就是最后一天了。

问：男的为什么不高兴？

答案 1. A　2. A　3. B　4. A　5. D　6. D　7. D　8. B

录音 55

二、下面你将听到一句话，听后请做出恰当的应答

1. A：你怎么还在复习啊？你看看小李，人家都去踢球了。

B：________________（A 是 A，B 是 B）

2. A：5000 块？这个价钱在西安够租个 200 平米的房了。

B：________________（A 是 A，B 是 B）

3. A：老李病了，他那么壮实的人，怎么突然就病了？

B：________________（再……也有个……的时候）

4. A：张总脾气一直都挺好的，我还从来没见过他发这么大脾气。

B：________________（再……也有个……的时候）

5. A：我不太想参加这个实习，太辛苦了。

B：______________（A也得A，不A也得A）

6. A：妈妈，我每天下课就四点了，回家还得做作业，哪有时间学钢琴啊？

B：______________（A也得A，不A也得A）

录音56

课文　慎用你的道德

● 背景提示

最近有这样一件事。一个女孩儿在公交车上拒绝给老太太让座，被旁边的一位老大爷拍下四张照片，说是要将照片传到网上，女孩儿要求老伯把照片删除，被拒绝了。就这件事情，我们听听张律师的看法。

张律师：这件事是这样，让座只是一种道德行为，法律上并没有规定公交车上一定要让座。但是老大爷随意拍摄别人，这是侵犯别人权利的，对方有权要求删除。道德是道德，法律是法律。

记　者：就是说，女孩儿的行为是道德问题，而老大爷拍照却是法律问题。

张律师：对。道德的存在就是让我们每个人生活得更舒适一些。当然，在这里老人指责年轻人不让座，是对的。但是让座是每一个人的道德，不应该只是年轻人让座，车上其他的人也可以主动让座的。即使不让，我们也只能在道德上批评。

记　者：在这个新闻里，大家最关注的是年轻人没有让座，老人就拍照，而且要放在网上。

张律师：是的，本来老人让年轻人让座是一件非常道德，并且顺理成章的事情。但是，当年轻人拒绝后，老人却利用道德，做了一件不道德的事情。

记　者：老人可能没有想到，万一真的传到网上，可能就扰乱了不让座者的正常生活。

张律师：还有一个事实是，不让座的人之所以不让，也有可能是因为身体不好，是吧？再年轻也有个不舒服的时候啊，也有个累的时候啊。所以我想，即使是道德的要求，我们也还得尊重别人的行为。

记　者：您的意思是说，道德不是强迫性的？

张律师：可能一般人都会让座的，道德在我们每个人心中。然而不幸的是，你可以看到每天有人提醒着你要讲道德，公交车上不停地说着，这么一来，道德就像一把剑一样放在你的头上而不是心里了。让座更像是迫于无奈了，等于说你让也得让，不让也得让。所以我想告诉大家，在使用你的道德的时候应该慎重。

一、听课文，判断正误

答案 1. 错　2. 错　3. 对　4. 错　5. 对　6. 对　7. 对

第二部分

听一听

录音 58

课文 "四千万"教授

● 背景提示

最近有一位董教授在网络上非常火。这位教授对自己的研究生提出一个要求，这个要求就是："当你 40 岁时，如果没有四千万财产，你不要来见我，也别说是我的学生。"我们看到在互联网上，有七成网友是批评的，也有不到三成的人是站在董教授这边的。

男：我觉得董教授的教育观念是合情合理的，学生读研究生是希望得到工资比较高的工作，竞争的能力最终还是表现在工资上。

女：我觉得老师对学生除了学术之外，在经济上不能有什么要求。老师要教的是学术研究的能力，跟财产多少不相干。

男：这个只是对学生的一种激励，给学生一个目标嘛。在一个正常的社会，赚钱和社会的贡献基本是一致的，我们不需要总是回避钱的问题。

女：可是赚钱不应该作为成功的标准，就算你有 4000 万财产，其他方面一事无成，那也不能算是成功的人。

男：可是你要注意，董教授的专业是房地产，他的学生将来都是要做房地产行业的，在房地产界，如果连 4000 万的财产都没有，那肯定不能算是一个成功的人吧。

女：作为一个老师，除了教学生专业知识以外，还应该负责对学生价值观的教育。如果一个老师只是把赚钱作为价值观教给学生，他肯定是个不负责任的老师。

男：可是在房地产的课堂上，他要讨论的就是赚钱，不会去讨论道德问题。

女：我记得另一位著名教授对毕业生说过一句话：今后五年之内你们中的大多数人，可以获得六位数的年薪，但是如果这就是你们想要的，你们就是浪费了大学对你们的教育。这句话跟董教授的话形成了鲜明的对比。

男：话是这么说，但是不管是哪个学校，都要教学生赚钱嘛，如果学生不能学会赚钱，那对社会也谈不上贡献，上大学又有什么用呢？

一、听课文，选择正确答案

1. 对董教授的话，网友们是什么态度？

2. 下面哪一项不符合男的的看法？

3. 下面哪一项不符合女的的看法？

4. 另一位著名教授的话是什么意思？

答案 1. B　2. B　3. B　4. D

10 社会聚焦

第一部分

听一听

热身

录音 60

一、听小对话，选择正确答案

1. 男：你妈病了这么长时间了，咱们每天这样陪着太累了，再说每天这么请假也不行。还是找个护工吧，咱们也省事儿，也不用整天这么辛苦了。

   女：你想得太简单了！且不说护工的工资吧，就说我妈，她会怎么想？

   问：下面哪一项与对话内容相符？

2. 女：妈妈年纪大了，身体又不好，让她一个人在家挺不放心的，要不然咱们把她送到养老院吧。

   男：咱妈辛辛苦苦地把咱们养大，现在她老了，你把她送到养老院去，太说不过去吧？

   问：男的是什么态度？

3. 男：你的学习能力太差了，哪怕再教你十遍，你也学不会。算了，我不教你了。

   女：你怎么这么看不起人？你自己没有耐心，还怪别人学习能力差，不教就不教，我也不想学了。

   问：下面哪一项与对话内容相符？

4. 女：咱们同事之间应该有协作精神，这样咱们部门的成绩才能提升，不能各干各的。

   男：是啊，像现在这样有人有困难，别人看着不管，实在说不过去。

   问：男的是什么意思？

5. 男：同事的家人出了车祸，你一个劲儿地担心什么？

   女：哎，你这个人这样说话太没有人情味了吧。

   问：女的是什么语气？

6. 女：像你这样睡眠不好的人就不能喝刺激性的饮料，像可乐、咖啡、茶等，应该喝牛奶、果汁，当然最好是白开水。

男：我总觉得每天喝一杯咖啡应该问题不大。

问：从女的所说的情况看，下面哪种搭配男的喝比较合适？

7. 男：你觉得咱们今天去看的画展怎么样？你看那些画儿的色彩多漂亮啊，真好看，我真想买一幅挂在家里。你觉得怎么样？

女：怎么说呢，我感觉那些画家的作品我理解不了。

问：女的有可能是什么态度？

8. 女：我妈来电话说我爸住院了，你快帮我订一张周五下午的机票，我得赶快回上海。

男：这两个月你已经是第三次回去了，这么来回跑可真是太辛苦了。

女：可是父母就我一个孩子，他们有病我怎么能不在身边？

问：下面哪一项与对话内容不符？

答案 1. B　2. A　3. C　4. A　5. D　6. C　7. A　8. C

录音 61

二、下面你将听到一句话，听后请做出恰当的应答

1. A：我想辞职去世界各地旅游，这事我都想了好久了。

   B：____________________（且不说……，就说……吧）

2. A：你说为什么农村夫妇都想要一个男孩子？

   B：____________________（且不说……，就说……吧）

3. A：你想订星期几的机票？估计现在机票都没有什么优惠。

   B：____________________（哪怕就是……也……）

4. A：如果你晚上想打车，等了好长时间也打不到，这时有辆私家车停下来，请你上车，你会上吗？

   B：____________________（哪怕就是……也……）

5. A：你不想工作，要做全职太太，你觉得那样的生活会有意思吗？

   B：____________________（像……）

6. A：你认为留学半年有可能发生异国恋情吗？

   B：____________________（像……）

录音 62

课文　谁来给父母养老

● 背景提示

如果你家的老人住院治疗，你会陪在他身边照顾他吗？医院会要求病人家属陪伴吗？在中国，子女一般会尽量陪在老人身边，而医院也会提出这样的要求的，你知道这是为什么吗？

男：对于中国人来说家庭是非常重要的，一个中国人在任何情况下都离不开他的家庭。且不说别的，就说医疗吧，我发现，在中国，哪怕就是一个再好的医院，如果你们家里要有人得了大病住院，都得需要家庭和医院协作治疗。

女：什么意思？

男：就是你不可能一个人住在医院里面，你必须要有家人的支持、帮助，包括家人要和医院去做各种各样的沟通、协作。

女：这是好事啊。

男：怎么说呢，过去中国人为什么经常说家里老人身体健康是子孙们最大的福分，你知道这句话是什么意思吗？它不光是说老人健康你高兴，还是说老人的健康如果出了问题，这个家就遭殃了。比方说家里有一个重病人在医院，你这个家里都是八小时上班的人，可是病人需要 24 小时看护，你当然可以找护工，可是不可能全交给护工。

女：可不是。中国人说养儿防老，儿女孝不孝，就看他在关键时刻能不能照顾父母了，如果家里老人病重住院儿女不陪护，那太说不过去了。

男：现在中国进入老龄化社会了，很多独生子女担心，将来老人要是病了，该怎么办？我有一个美国朋友，他居然建议他的父母去养老院！咱们听起来，怎么这么不孝！可是他说美国的养老院雇佣的都是专业的护工，他们的照顾从技术上讲比家属还好。

女：是不是可以这样理解，西方社会对老人有非常专业、周到和强大的社会保障体系，子女只需要去看望、陪他聊天儿。可是这一套，在中国人的传统观念看来，太没有人情味儿了，父母病了，子女怎么能不在旁边呢？

男：现在中国大多数家庭都是独生子女，这个问题将来很严重。

女：像我，是个独生女，现在我妈妈身体不好，我就觉得挺累的，因为我们不在一个城市，我常常要飞回去看她。有时候我在想，我老了以后，我靠谁啊？

男：现在有些小夫妻看到他们自己不可能完善地给父母养老，所以干脆不生小孩儿，省得将来自己面临这样的问题。

一、听课文，选择正确答案

1. 在中国，家人跟医院协作治疗的情况发生在什么样的医院？
2. 怎么理解“家里老人身体健康是子孙们最大的福分”这句话？
3. 对于生病的老人，下面哪一项不属于中国人的做法？
4. 现在有些独生子女不愿意生孩子的原因是什么？

答案 1. C 2. B 3. D 4. A

第二部分

听一听

录音 64

课文 你搭过顺风车吗

● 背景提示

你搭过顺风车吗？如果你正在等公共汽车，有辆奔驰车突然停在你面前，问你要不要搭车，你会怎么想呢？高兴？怀疑？奇怪？你敢上他的车吗？今天我们给您介绍的这位，是一个公司老板，他上下班时总会主动请人搭他的车。这些年，已经有好几千人坐过他的车了。

记　者：您请人搭车的时候会选择什么样的人呢？

王先生：我不搭年轻的单身女孩儿，三四个高大的男人我也不搭，一般我会搭一些叔叔阿姨这样的，或者两个大人带一个孩子的，一家人这样的，或者像学生这样的。

记　者：现在好像很多人都不太喜欢和陌生人说话，您却主动请陌生人搭车，对方会不会担心路上的安全问题？

王先生：我是’98 年开始的，刚开始的时候十有八九会被拒绝，十个人不见得有一个人会上车。一个是觉得不安全，二是因为社会上这种事情少，也没有宣传。在国外，尤其是欧美一些国家，这种事是很常见的，同时在我们国家的农村也很常见。我老家在湖南农村，我们去城里都是搭顺风车，一般你要拦车，都会停下来，认识不认识都会停。但是在大城市就不一样，不太信任。

记　者：那你现在总结出什么技巧没有？

王先生：你首先得放低姿态。比如我现在开奔驰，我就告诉人家说我不是老板，我是老板的司机，我老板的车，你不坐白不坐。而且你请人搭车的时候一定不要问人家要去哪里，你要告诉人家我去哪里，可以把对方顺路带到哪里。第二个我告诉他我是一定不收费的，因为一收钱就变成“黑车”了。

记　者：很多司机也愿意让人搭车，可是司机也有安全方面的考虑啊，您有这方面的考虑吗？

王先生：当然会有。小心还是要小心的，但是事实上你注意一下的话不会有太大问题。像我是在固定的场所，而且都是白天，他在等公共汽车，这些人都是普通老百姓，不会有恶意。

记　者：请人搭车对您自己来说，有什么收获呢？

王先生：一个人开车很闷的，如果有人和你聊天儿，这个路程会很有趣，几个人互相交换一下名片，互相介绍一下，时间就过得特别快。当然这都不是最重要的，最主要的我是觉得人和人之间要建立一种信任。

一、听课文，选择正确答案

1. 王先生不会请什么人搭车？
2. 王先生刚开始请人搭车的时候，是什么情况？
3. 下面哪一项是正确的？
4. 为了让对方放心，王先生用了什么办法？
5. 对于搭车，司机们有什么想法？
6. 对安全问题，王先生有什么看法？
7. 他请人搭车最主要的目的是什么？

答案　1. D　2. C　3. A　4. B　5. B　6. B　7. D

11 投资理财

第一部分

听一听

热身

录音 66

一、听小对话，选择正确答案

1. 男：你们俩真是天生的一对，说说你们是怎么走到一起的。是别人介绍的，还是自己认识的？

   女：我们俩能走到一起完全是误打误撞。去年我被他的车撞了，他很负责任，把我送到医院，又常来医院看我，我们就这样认识了。

   问：下面哪一项与对话内容相符？

2. 女：谁这么大手笔，把两家大电视台黄金时间的广告都包下来了？

   男：哪家公司能有这样的实力？还不是那个什么什么酒公司！

   问：下面哪一项与对话内容相符？

3. 男：你不是就爱在网上淘宝吗？这回吃苦头了吧？

   女：没什么！就算花钱买教训了。

   问：下面哪一项与女的的情况不符？

4. 女：你收藏了这么多东西，应该花了不少钱吧？

   男：我这都是小打小闹，算不上真正的收藏，实力不够，出手都很小。

   问：从对话中可以知道什么？

5. 男：你说这个房子是炒股挣钱买的？我认识的人里还没有炒股发财的呢。

   女：呵呵，我也是误打误撞撞上了一只好股，后来又因为总出差，没时间操作，没想到半年的时间股价翻了一倍。

男：那你可真是太幸运了！

问：下面哪一项与对话内容相符？

6. 女：你一到周末就往外跑，你就不能在家陪陪我跟孩子吗？

男：我出去又不是玩儿去了，我都是去逛旧货市场了，我就这么点儿爱好，你也不允许吗？

问：下面哪一项与男的的情况相符？

7. 男：来，我给你看看我收集的邮票，你就知道小王的收藏不算什么了。

女：你收集的邮票还真多啊！这套生肖邮票真好，这是北京奥运会的邮票，哟，你还有1948年的邮票呢！你可真是集邮家了！

男：我特别喜欢集邮，为了买到喜欢的邮票我可以不吃不喝。

问：从对话中可以知道什么？

8. 女：现在农民跟几年前不太一样了，他们好像不太愿意到城市打工了。

男：是啊，这几年政府对农业的投入很大，奖励农民多种粮食，农民尝到了甜头，当然就不愿意离开家乡了。

问：从对话中可以知道什么？

答案 1. B　2. D　3. C　4. A　5. B　6. C　7. D　8. A

录音 67

二、下面你将听到一句话，听后请做出恰当的应答

1. A：咱们这趟旅行经历的事情真是太多了。

B：______________（回过头去看）

2. A：小明，上中学的时候你爱玩儿，常常不完成作业，我常批评你，还记得吗？

B：______________（回过头去看）

3. A：你的家人并没有人搞电影，可是你却在电影表演上取得了成功，你能说说你是怎么走上表演这条路的吗？

B：______________（误打误撞）

4. A：怎么，小李把工作都辞了，专门在家炒股了？

B：______________（尝到甜头）

5. A：我认为李亮要投资的这个项目不太好，你劝劝他不要投了。

B：______________（吃苦头）

录音 68

课文　玩玩乐乐也生财

● 背景提示

你有什么爱好？如果爱好能带来财富是不是一件很好的事？下面我们就来听听这个人的经历。

有人说我有眼光，会投资，早早就买了房子，其实我就是兴趣广泛。

我玩儿过瓷器，买过股票。21 世纪初中国各地取消福利分房后，我凑够一套房子的首付，就买下了现在居住的 150 多平米的“大房子”。现在回过头去一看，自己误打误撞，倒撞上了中国改革开放后的几个投资热点。

90 年代初，一到周末我就跑古玩市场。那时北京卖古玩的地方除了琉璃厂以外，比较大一点儿的有什刹海的荷花市场，还有朝阳门内的家具木器市场等，后来又有了潘家园市场。不过这些都比不了天津沈阳道的古玩市场。那里东西好，价钱低，全国各地的人都喜欢去那里淘宝。那时古玩的价钱跟现在比低多了，可是对我这个工薪阶层来说还是挺高的，要想买个清晚期的青花瓷瓶，就得半年、一年不吃不喝。我知道自己的实力不行，就买些小东西。不过，我也有过几次“大手笔”，一次是买了一对宋代的小盘子，花了我几个月的积蓄，还有一次是买了个清康熙时期的小缸。我买瓷器就是喜欢，没有考虑收藏价值，当然现在价值也都翻番了。

后来古玩市场的价格涨得太高了，我就把心思都用在了炒股上。

人家都说炒股“不能把鸡蛋都放在一个篮子里”，可我恰恰是这么做的。我看好一只股，就把所有的钱都买这只股。有一只股给我带来了 200% 多的收益，这种操作方法让我尝到了甜头。在中国股市长达六年的熊市里，我的股票市值缩水将近 60%。但是我相信只要不割肉，就不算赔。后来在股价低的时候又买了一些，所以损失还不算大。

我觉得自己运气挺好的，赶上了好时候，玩儿着乐着就挣到了钱。

一、听课文，判断正误

答案　1. 对　2. 错　3. 对　4. 错　5. 对　6. 对　7. 错

第二部分

听一听

录音 70

课文 你的财商怎么样

● 背景提示

智商、情商和财商你听说过哪个？每个人的能力都不一样，你这些方面的得分怎么样？

迈克：玛丽，你一定听说过智商和情商吧？

玛丽：听说过，我这两项都还挺高。哈哈，不好意思。

迈克：先别高兴得太早，我想你未必听说过财商吧？

玛丽：这个听说过，但没关心过。

迈克：这就对了，一般情商高的人，财商就比较差。你看看你的同学，哪个不比你有钱？

玛丽：真有关系吗？那怎么来确定一个人的财商高不高？

迈克：这是根据知识、态度、行为以及财富性格这四方面来确定的。获取财富、管理财富、应用财富的行为是影响财商得分的最重要因素。

玛丽：你别说，我在这方面还真是一窍不通，而且也没兴趣。什么股票、基金、保险，还有各种各样的理财产品，人家跟我讲，我也听不明白。

迈克：你每月的薪水除了必要的生活开支以外，总会有结余吧？这笔钱，你怎么处理？

玛丽：嗐，除去生活开支，我的薪水也剩不下多少了，那点儿钱还有什么好处理的！就搁在存折里呗。

迈克：你这就错了。投资不在钱多少，主要是意识，有了投资意识，财富就可以积少成多。这两年全世界通货膨胀多厉害啊，你必须做点儿投资，你的财富才不至于缩水，即便不为财富考虑，至少可以保证生活质量不会下降。

玛丽：那你以后多给我讲讲理财知识吧，我也提高提高我的财商。

迈克：行啊，这么着吧，你今天先请我吃顿饭，算是交个学费吧，哈哈！

一、听课文，选择正确答案

1. 玛丽对自己的评价是什么？

2. 下面哪一项不是影响财商得分的因素？

3. 男的认为女的应该投资的理由是什么？

答案 1. D 2. B 3. A

12 风土人情

第一部分

听一听

录音 72

热身

一、听小对话，选择正确答案

1. 女：你想先去食堂再去图书馆，还是先去图书馆再去吃饭？
   男：还不如去学校门口的咖啡馆，可以一边吃东西一边学习。
   问：男的想去哪儿？
2. 女：在大城市过年真没意思，还是在老家好，亲戚朋友欢聚一堂。
   男：在老家过年，热闹是热闹，可聚在一起就是喝酒。
   问：下面哪一项与对话内容不符？
3. 女：都说现在三岁一个代沟，我和我妹妹相差不到三岁，几乎没什么共同语言。
   男：说得一点儿不错。我弟弟比我小五岁，他喜欢听的音乐、爱看的书，我完全不能接受。
   问：下面哪一项与对话内容相符？
4. 男：今年城里可以放鞭炮了，感觉年味儿浓了，比往年热闹了。
   女：你喜欢放鞭炮吗？我还是觉得电子鞭炮好，意思一下就行了，真的放起来污染空气，而且不安全。
   问：下面哪一项与对话内容不符？
5. 女：春节联欢晚会要想吸引观众，就必须创新，不然的话，就会失去生命力。
   男：您说得一点儿没错。每年的春晚总是那么几个人，我们都看腻了。
   问：春晚指的是什么？

6. 男：人们已经对这种千篇一律的节目很反感了，你怎么还做出这样的东西？

　女：对不起，我这儿还有另外一个不太成熟的方案，希望您能喜欢。

　问：男的的心情怎么样？

7. 男：我们都那么熟了，你不用跟我客套，说吧，有什么需要我做的？

　女：哎，我们刚买了房子，手头上没几个钱了。可上星期，我妈妈体检的时候查出有点儿毛病，要做手术。我实在不好意思向你们开口，我知道你们这几年也不容易。但……

　问：女的想做什么？

8. 男：你还是好好休息吧，等完全好了，再参加训练，不然的话，再把腿弄伤了，那麻烦就大了。

　女：可是我都休息那么长时间了，再这样下去，明年的比赛我肯定没戏了。

　问：男的的建议是什么？

答案 1. D　2. D　3. B　4. D　5. A　6. C　7. C　8. C

录音 73

二、下面你将听到一句话，听后请做出恰当的应答

1. A：周末我们一起去爬山吧。

　B：________________（还不如）

2. A：阳阳明天生日，我想买个蛋糕给他。

　B：________________（还不如）

3. A：节假日与其出去玩儿，还不如在家里休息。

　B：________________（说得一点儿不错）

4. A：春节是中国最重要的节日。

　B：________________（说得一点儿不错）

5. A：明天晚上有空儿吗？我们一起去看电影吧。

　B：________________（不然的话）

6. A：每年的春节你都回老家吗？

　B：________________（不然的话）

录音 74

课文 过春节

● 背景提示

在你们国家，最重要的节日是什么？你知道在中国，最热闹的节日是什么吗？人们是怎么庆祝的？在这个节日里哪些事情是不可以做的？

如果你很长时间没回家，回到故乡，父母会和你说什么？你们会一起做什么？

男：现在过年真是越来越没意思了！回老家过年还不如去旅行呢！

女：我还是赞成要回家过年。春节不能去旅游，如果在过年期间旅游成风，就等于把春节变成一般的节假日，像星期六、星期天一样。

男：还是小时候过年有意思，年味儿比较浓。

女：说得一点儿不错。一过完元旦大人们就开始忙，孩子们盼着糖果点心，小姑娘盼的是身上的花衣服，小伙子更盼望能多分一串鞭炮，老年人盼的是大年三十全家老少几辈人欢聚一堂、围坐在一起包饺子、吃团圆饭的热闹。

男：可以说，春节是最讲究吃的节日，"年夜饭"，一定会有鸡，表示吉祥，饺子就是元宝，有财富的意思，吃鱼意思是"年年有余"。

女：我们老家还有吃年糕的风俗，年糕意味着"步步高升"。

男：除了吃，穿也是春节的重要组成部分。"除夕到，过年好；穿新衣，戴新帽"。穿的衣服必须是全新的，这样新的一年会有新气象。

女：我们那儿春节时房子也要装饰一新。还有春节不能说倒霉的话，比如孩子打碎了碗，也不能责备，要说"碎碎（岁岁）平安"。

男：仔细想来，讲究还真不少。我记得老一辈的人说初一那天，不要打扫、不要倒垃圾，不然的话，会把家里的福气财运扫光光，如果真的要用扫帚打扫，记得由外往内扫。还有比如不能说死、不能理发等等。

女：我们老家也有这些禁忌。春节的时候，好像年年都在做一些重复的行为，比如放鞭炮、贴春联、吃年糕、吃饺子、拜年。

男：是啊，这些活动有很丰富的意义。但现在也有人反对，他们认为放鞭炮不安全，贴春联千篇一律，拜年、走亲戚、喝酒等等，客套太多。

一、听课文，判断正误

答案 1. 错 2. 对 3. 错 4. 对 5. 错 6. 错 7. 对

第二部分

听一听

录音 76

课文　一位农村父亲对城市儿子的训诫

● 背景提示

儿子在大城市工作，回到了阔别已久的故乡，父亲对他很不满意，为什么呢？

儿子回到了阔别已久的故乡，见到热情的乡亲，他都分不清谁是谁了，只好象征性地点头微笑。父亲不满意，教育道："以后回家的路上，见了认识的邻居都问个好，不知道他们叫什么没关系，村上的人可都记着你呢！"

儿子和老乡们喝了不少酒，于是舅舅约喝酒的时候拒绝了，父亲又说："你舅舅和你喝酒，你为什么不喝？你多喝两口又能怎么样？你没看你舅舅今天多高兴啊！你嫌酒不好？这酒，你们城里买都买不着！"

王婶问儿子什么时候回来的，儿子说："昨天晚上。"父亲又说："你说昨儿个不就行了，还说'昨天晚上'，以后说话先想想村里怎么说再说，才出去多久，说话就变了？哪有你这样的？"

四叔让儿子帮着打听打听给他孩子在城里找个活儿，儿子说："不好办。"父亲又教育："你四叔和我们都是邻居，你怎么能说不好办？不好办也得办！前些年不是你四叔帮你，咱家能有今天？"

母亲给孙子买了零食，儿子去退了，说："这零食添了色素，吃了不好。"父亲又教育："你娘给孙子买的零食，你又退了。什么色素不色素的！农村里就这东西，连这个平时都没人舍得买呢。"

儿媳妇早晨起得晚，父亲也看不惯，说："你媳妇，她不是咱家人，多干点儿少干点儿没啥，可也不能每天最后起来，等你娘把饭准备好了叫她吃吧？"

一、听课文，选择正确答案

1. 儿子拒绝和谁喝酒了？

2. 儿子为什么把零食退了？

3. 父亲抱怨儿媳妇什么？

4. 下面哪一项不是父亲对儿子的希望？

5. 下面哪一项是错的？

答案 1. D　2. B　3. A　4. D　5. C

复习三

听力部分

录音 77

一、听小对话，选择正确答案

1. 男：你看京剧？我记得你以前从来不看京剧的。

   女：以前是以前，现在是现在。

   问：女的是什么意思？

2. 女：迪士尼？都多大了还去迪士尼啊？

   男：嗐，小明非要去，我是去也得去，不去也得去啊。这不，还有一大堆工作，晚上还得加班呢。

   问：从对话中可以知道什么？

3. 男：老李今天可是真生气了，一天都没个笑脸。

   女：脾气再好的人也有个生气的时候啊。这小张也太不像话了，这么重要的事情都给忘了。

   问：从对话中可以知道什么？

4. 女：在这儿开个小店，真是不容易啊。

   男：是挺不容易的。不过啊，付出的多，得到的也多。来这儿旅游，一路爬上来，到这儿总得休息会儿，所以啊，游客们十有八九都会到这个小店来坐坐。

   问：这个小店开在哪里？

5. 女：小赵今天应该回北京了吧。

   男：他昨天打电话说今天搭十二点的飞机回来，两点就能到北京。不过看这天气，上海的飞机今天十有八九没法儿起飞。

   问：小赵大概什么时候回来？

6. 女：明天的面试，我一点儿信心都没有，且不说工作经验，就说学历，也没什么优势。

   男：你应该有自信，最主要的还是要看你的能力嘛。我觉得你对外贸工作还是很有想法的，准备得也挺充分的，我看很有希望。

   问：下面哪一项与女的的情况相符？

7. 男：怎么了？没当上经理也没什么大不了的啊，现在你已经够忙的了，再当个经理，多累啊。

女：话是这么说，其实我也不是非要当这个经理，可是……，我也为公司付出了这么多，工作了这么多年，年轻人都上去了，就我还是个普通员工。

问：下面哪一项与女的的情况相符？

8. 男：今天下午开会，研究开分公司的事情，我的意见是开在上海，老李的意见是开在北京，你可得支持我。

女：我呀，得听听你们的具体计划，谁的计划对公司好，我就站在谁那边。

问：女的支持谁的意见？

9. 男：以后买房子可得离单位近一点儿，住得远了，一大早起床往单位跑，真是受不了。

女：老李啊，你就知足吧。你看看我们，哪个不比你住得远啊？你还开车呢，我们可都是坐地铁。

问：下面哪一项与男的的情况相符？

10. 男：今天可是爸爸的生日，我知道你忙，可是即便再忙，至少你应该打个电话嘛。

女：哥，我怎么会忘了爸爸的生日呢？我刚下飞机，正从机场往家赶呢，我呀，要给爸一个惊喜！

问：从对话中可以知道什么？

11. 女：周五下午就要比赛，可我们还差一个人呢，小明说要去辅导班，小强又说家里有事。

男：那亚林呢？

女：他感冒了，都两天没上课了。

男：那没办法，那就别的同学谁有时间谁去，踢得不好也不要紧，对手其实挺弱的。

问：周五的比赛谁能参加？

12. 男：这里的环境搞得很好啊。

女：是啊，以前这里建了很多工厂，空气污染很严重。后来啊，有的村民开始种果树，赚了不少钱，大家尝到了甜头，就都开始种果树，钱也赚到了，环境也变好了，真是两全其美。

问：下面哪一项与对话内容相符？

13. 男：小丽。

女：李明？你怎么来了？你怎么找到我的？

男：嗐，找你可费劲了。毕业以后你就出国了，我们这些同学啊，都不知道你的消息，上次同学聚会都找不到你。

女：那这次你是怎么找来的？

男：我不是专门来找你的。我到你们公司来谈一笔生意，在你们老板那儿看到了你的名字，问了一下，还真是你。找了你这么久，没想到误打误撞，一下子就找着了！

女：真是太巧了！走，一起吃个饭，好好聊聊。

问：男的是怎么找到女的的？

14. 女：国庆假期玩儿得不错吧？

男：不错什么呀！热闹倒是真热闹，到处都是人，可我们是去看风景，看来看去光看人了。

女：我也一样，早知道这样，还不如待在家里看看电视打扫打扫卫生，哪怕睡觉也好啊。

问：女的假期干什么了？

15. 女：这个公司前几年挺火的，怎么说关门就关门了？

男：前几年 DVD 流行的时候，他们把所有精力都投进去了，现在 DVD 不流行了，公司也就不行了。

女：俗话说的一点儿不错，不能把鸡蛋都放在一个篮子里。

问：女的是什么意思？

16. 女：怎么了，这菜不合你的口味？

男：味道倒是不错，就是稍微有点儿淡。

女：淡点儿好。大夫都说了，不能多吃盐，不然的话会得高血压。

问：从对话中可以知道什么？

17. 男：怎么了？一大早这么着急。哦，菜都买好了？

女：今天家里来客人，另外，咱还得去买衣服呢。还有，走以前咱得去看看爸妈吧。

男：你不用这么急，咱后天才走呢，买衣服不是非今天去不可。

问：什么事今天可以不用做？

18. 女：小明怎么了？

男：没事，摔倒了，哭了。

女：摔倒了？我看看……，哎呦，手都快破了。哪有你这样当爸爸的？孩子摔成这样也不管！

问：女的是什么语气？

19. 男：今年春节咱们去哪儿玩儿啊？去年咱去了南非，前年去了北欧，今年该去……今年咱去澳大利亚吧？

女：今年咱不去国外了。

男：哦，那就去海南。

女：今年啊，哪儿也不去了。咱回老家，跟爸妈一起过年。你看看，都两年没跟父母一起过年了，今年再不回去过，有点儿说不过去吧？

问：他们今年在哪儿过年？

20. 女：最近准备得挺辛苦的吧？怎么样，没问题了吧？

男：嗐，也没怎么准备，平时的练习小赵都比我成绩好，比赛前这几天再准备又能怎么样？

女：那可不见得，比赛的结果不一定就跟平时的情况一样，你得有信心，只要不紧张，就有希望。

问：关于比赛，女的是什么看法？

答案 1. B 2. D 3. B 4. D 5. D 6. B 7. A 8. D 9. C 10. D
11. D 12. A 13. A 14. C 15. D 16. C 17. B 18. C 19. A 20. D

录音 78

二、听短文和对话，听后复述

短文 子贡和子路的故事

春秋时期，鲁国政府看到有些鲁国人被卖到国外当了奴隶，就制定了一道法律，如果有人花钱把这些奴隶赎回来，可以到政府去报销赎金。这条法律使很多被卖到国外的鲁国人回到了自己的国家。

后来孔子有一个学生叫子贡，他是一个很有钱的商人，经常到国外去做生意。有一次他赎回了一个奴隶，别人劝他去找政府把赎金拿回来，他拒绝了。他觉得救人是件高尚的事情，如果救了人再找政府报销，就显得不那么高尚了。

孔子还有一个学生叫子路。有一次，他看到有一个人掉进河里了，就把那个人救了上来。那个被救的人非常感谢他，就送给他一头牛。大家都以为子路一定不会收下这头牛，可是子路的表现却让人大跌眼镜，他竟然毫不客气地收下了牛。

大家觉得子路更高尚还是子贡更高尚？他们的老师孔子是什么意见呢？

对子贡的做法，孔子很不认同。他认为，子贡愿意放弃赎金，从道德上看确实很高尚，但是他的这个做法会让别人在救回奴隶的时候觉得为难：向子贡学习吧，自己就要付出一大笔钱；不向他学习吧，又显得没有他那么高尚。子贡是有钱人，他可以不在乎赎金，但是其他人未必就不在乎。这样一来，他们只好干脆不去救奴隶了。

子贡的做法其实是把道德的标准提高到了一个大多数人达不到的高度。道德标准太高了，本来道德的事情就变得不道德了。这么做其实是破坏了道德。

明白了子贡的问题，我们就能理解子路的做法了。孔子听到子路的事情，很高兴地说："从此以后，鲁国人一定很乐于去救那些落水的人。"

对话 北漂

男：在北京，你觉得自己是什么身份？

女：北漂，这是很现实的。

男：生活在北京，最难受的是什么？

女：就是每天早晨起来都在想，除了当演员我还能做什么？还有哪些方面能够维持我的生活？也想过自己买一些鲜花来，哪怕当一个卖花的小姑娘也好。

男：所以那一段时间你在思考要不要继续当演员？为什么会突然有这样的念头？

女：觉得拍戏不挣钱，好像每个戏这样拍下去，一年也才够自己的生活费，再加上自己性格不是特别开朗，所以我需要寻求另外一个职业，让我不用担心生活方面的问题，把拍戏作为我的副业，开心就好了。

男：一个女孩子在这么大的北京城里面，安全感是最重要的，如果让你给在北京的安全感打分，你能打多少分？

女：我觉得也就 20 分吧。

男：那 80 分是少在哪里呢？

女：不知道在北京这么大一个城市里什么时候能够安一个自己的家，租的房子永远都是别人的，我觉得随时会被扫地出门。还有工作很不稳定。

男：最后是什么或者说是谁让你决定留下来的？

女：说来好笑，曾经有人说过我的事业将会出现在东北方，北京正好在我家乡的东北方。就因为这句话，我来到了北京。不过，北京的确有它的魅力，包容性强，任何人都能在这里找到他的位置。